Johann Nestroy

Judith und Holofernes
Häuptling Abendwind

Einakter

Herausgegeben von
Jürgen Hein

Philipp Reclam jun. Stuttgart

Die Texte folgen den Gesammelten Werken, herausgegeben von Otto Rommel, Fünfter und Sechster Band, Verlag von Anton Schroll & Co., Wien 1949 (Nachdruck 1962). Sie entsprechen, bei neuerlicher Revision nach den Handschriften und Erstdrucken, der historisch-kritischen Gesamtausgabe, herausgegeben von Fritz Brukner und Otto Rommel, Wien 1924 bis 1930 (Bd. 4 und 14). Die Anmerkungen stützen sich z. T. auf beide Ausgaben. Sie wurden vom Herausgeber bearbeitet und wesentlich ergänzt.

RECLAMS UNIVERSAL-BIBLIOTHEK Nr. 3347

Bibliographisch ergänzte Ausgabe 1996
Gesamtherstellung: Reclam, Ditzingen. Printed in Germany 2008

ISBN 978-3-15-003347-0

www.reclam.de

Judith und Holofernes

Travestie mit Gesang in einem Akt

PERSONENVERZEICHNIS

Holofernes, *Feldherr der Assyrier*
Idun, Chalkol, Zepho, *Hauptleute der Assyrier*
Achior, *des Holofernes Kämmerling*
Ein Herold
Der Gesandte von Mesopotamien
Oberpriester des Baal
Erster, Zweiter Baalspriester
Jojakim, *der Hohepriester in Bethulien*
Joab, *sein Sohn, Volontär*[1] *in der hebräischen Armee*
Judith, *seine Tochter, Witwe*
Mirza, *Magd in Jojakims Hause*

Einwohner von Bethulien:
Assad,
Daniel, *blind und stumm, Assads Bruder,*
Ammon, *Schuster,*
Hosea,
Nabal,
Ben,
Nazael,
Heman, *Schneider,*
Nathan,
Rachel, *Assads Weib,*
Sara, *Ammons Weib,*

Priester des Baal, Hauptleute und Krieger der Assyrier, Hebräische Krieger und Volk

Die Handlung geht teils im Lager von Holofernes, teils in Bethulien vor.

Erstaufführung am 13. März 1849, bis 1862 siebenundsechzig Aufführungen. Der Theaterzettel gab noch an: Musik von Kapellmeister Michael Hebenstreit.

1. Freiwilliger.

Das Lager des Holofernes, rechts dessen Zelt
(Rechts und links vom Schauspieler)

ERSTE SZENE

Der Oberpriester und zwei Priester des Baal. Idun, Chalkol, Zepho und mehrere Krieger.

(Alle sind vor dem Zelte Holofernes' versammelt.)

Chor.
Holofernes heißt der Held,
Vor dem die ganze Welt
Und alles, was drauf lebt,
Erzittert und erbebt.
Er ist der Feinde Schrecken, Schrecken, Schrecken,
Tut alles niederstrecken, -strecken, -strecken;
Blitzstrahl ist sein Grimm, Grimm, Grimm,
Donner seine Stimm', Stimm', Stimm'!
Weil er uns sonst niederhaut,
Preisen wir ihn alle laut!
(Mit dem Ende des Chores tritt Holofernes aus dem Zelte.)

ZWEITE SZENE

Die Vorigen. Holofernes.

Holofernes. Da bin ich, jetzt kann's angehn.
Idun. Was meinst du?
Chalkol. Der Sturm?
Zepho. Die Schlacht?
Holofernes. Nix da, die Götzenopferei. An welchem unserer Götter is denn heut' die Tour[2]?
Oberpriester. Baal hat am längsten kein Opfer gekriegt.

2. Vgl. Hebbel, *Judith*, I. Akt, S. 5, Z. 8 ff. (Zitatangaben nach der historisch-kritischen Hebbel-Ausgabe, hrsg. von Richard Maria Werner, Säkular-Ausgabe, Bd. I, 1).

Holofernes. Gut also! Baal ist überhaupt ein charmanter Gott, der mit einigen Lampeln[3] zufrieden ist.

Oberpriester. Baal wird dir ferner noch Sieg verleihn.

Holofernes. Solang' ich die Siege erkämpfe, ganz gewiß.

Oberpriester. Wenn *er* dich nicht beschirmte –

Holofernes. Is schon gut, ich halt' mich ja nicht auf, wenn's auch a paar Kalbeln sind. *(Leise.)* Ich kenne den Rummel und weiß recht gut, wer die Opfertiere speist.

Oberpriester. Aufgeklärter Holofernes, das blöde Volk –

Holofernes. Muß an den Opferappetit der Götter glauben. Wenn du mir aber ein Götzen-X für ein Vernunft-U machen willst, so tu' ich einmal deinen Göttern einen guten Tag an und lass' dich selber opfern.

Oberpriester. Herr –!

Holofernes. Kusch!

Oberpriester *(zu den Hauptleuten)*. Er ist nicht gut zu sprechen.

Idun *(leise)*. Mir sagte sein Kämmerling, daß er mit dem linken Fuß aufgestanden.

Chalkol *(ebenso)*. An solchen Tagen ist immer seine rechte Hand zu fürchten.

Zepho *(ebenso)*. Es ist eine schöne Kommission[4], in seiner Suite[5] zu sein. *(Alle ab bis auf Holofernes.)*

DRITTE SZENE

Holofernes (allein).

Holofernes. Ich bin der Glanzpunkt der Natur, noch hab' ich keine Schlacht verloren, ich bin die Jungfrau unter den Feldherrn. Ich möcht' mich einmal mit mir selbst zusammenhetzen, nur um zu sehen, wer der Stärkere is, ich oder ich[6]. *(Nach dem Hintergrunde blickend.)* Wer kommt dort in assyrischer Hoflivree? Ein langweiliger Bote von meinem faden Herrn und König.

3. Lämmer.
4. (frz.) Auftrag.
5. (frz.) Gefolge.
6. Vgl. Hebbel, *Judith*, I. Akt, S. 7, Z. 28 ff.

VIERTE SZENE

Der Vorige. Der Herold.

Herold. Nebukadnezar, der da herrscht vom Orient bis zum Okzident, vom Kontinent bis zum –

Holofernes. Fikrament[7] und kein End' –! Was will er, der Nebukadnezar?

Herold. Nebukadnezar will nicht, daß ferner andere Götter verehrt werden neben ihm.

Holofernes *(für sich).* Da kann man sehen, wie köbig[8] die Könige werden, wenn sie Holofernesse haben, die ihnen die Welt erobern.

Herold. Nebukadnezar will, daß bei jedem Sonnenaufgang ihm geopfert werde.

Holofernes. Beim Sonnenaufgang? *(Beiseite.)* Der Mann wird billig[9], wir sind ja seine Untertanen, folglich seine Opfer zu jeder Stund'.

Herold. Dies ist der Wille des Königs der Könige.

Holofernes. Meine Empfehlung, es ist schon gut! *(Der Herold geht ab.)*

FÜNFTE SZENE

Holofernes (allein).

Holofernes. Recht eine gute Haut, dieser König der Könige, aber ein Glück für diese Haut, daß sie mit lauter Nebukadnezar ausgeschoppt[10] ist. Heda! Sind keine falschen Priester da?

SECHSTE SZENE

Oberpriester. Zwei Priester. Der Vorige.

Oberpriester. Was befiehlst du, Holofernes?

Holofernes. Nebukadnezar ist von heut' an Gott, das heißt, von heut' an *sagt* er's laut, was er sich schon lang im stillen *eingebild't* hat[11].

7. Ein Fluch. – Vgl. zum Folgenden Hebbel, *Judith*, I. Akt, S. 8, Z. 10 ff.
8. Übermütig, anmaßend.
9. Bescheiden.
10. *Ausschoppen:* ausstopfen; vgl. Hebbel, *Judith*, I. Akt, S. 8, Z. 1 ff.
11. Vgl. Hebbel, *Judith*, I. Akt, S. 9, Z. 18 ff. und S. 10, Z. 11 ff.

Oberpriester. Herr, das begreif' ich nicht.

Holofernes. Tut nichts, wenn du's nur dem Volke begreiflich machst.

Oberpriester. Sehr wohl! *(Ab.)*

Priester. Ich werde neue Zeremonien ersinnen.

Holofernes. Zwölf assyrische Louisdor sind dein Lohn. *(Die Priester gehen ab.)*

SIEBENTE SZENE

Holofernes (allein).

Holofernes. Sixt[12] es, sixt es, jetzt is der Nebukadnezar ein Gott! Und wer hat ihn dazu gemacht? Mein Spadi[13] durch die Bastoni[14], die er den Feinden ausgeteilt. *(Aufs Schwert schlagend.)* Hier ist die Götterfabrik! Was in der neuen Zeit durch Bajonette geht, das richten wir, die grauen Vorzeitler, mit dem Schwert.

ACHTE SZENE

Achior. Der Vorige.

Achior. Es sind Abgesandte von einem König draußen; sie lassen bitten um ein bisserl a Audienz.

Holofernes. Von was für einem König?

Achior. Der Teuxel kann sich die Namen alle merken[15].

Holofernes. 's is wahr, die Menge König', die sich mir schon ergeben haben, 's wird ei'm völlig der Kopf dumm. Ich werd' nächstens in der Zerstreuung ein Land verheeren und ein Dutzend Städt' verbrennen, und nacher wird's mir erst einfallen, daß es ein gutwillig unterworf'ner König war. *(Zu Achior.)* Herein mit die Gesandten! *(Achior winkt, der mesopotamische Gesandte tritt mit Gefolge samt Idun, Chalkol und Zepho auf.)*

12. Siehst.
13. Von ital. *spada*: Degen, Säbel.
14. Von ital. *bastone*: Schläge.
15. *Teuxel:* Teufel; vgl. Hebbel, *Judith*, I. Akt, S. 10, Z. 3 ff. Zu den Abgesandten aus Mesopotamien vgl. Hebbel, S. 11, Z. 10 ff.

NEUNTE SZENE

Die Vorigen. Der Gesandte. Gefolge. Idun. Chalkol. Zepho.

Der Gesandte. Großer Holofernes –!

Holofernes. Wie heißt dein Prinzipal[16]?

Der Gesandte. Er ist mit Dero Erlaubnis so frei, König von Mesopotamien zu sein.

Holofernes. Das werden wir erst sehn, ob ich's ihm erlaub'. Er is also ein damischer[17] Gesandter, nämlich ein mesopotamischer?

Der Gesandte. Aufzuwarten!

Holofernes. So is's recht; die Völker müssen kuschen, die Gesandten aufwarten und die Könige müssen mir ihre Kronen apportieren. Ich möcht', daß die ganze Menschheit aufg'hängt wär', um dann der einzige zu sein, der die Welt als wie einen Hund mit Füßen tritt. Ich bin ein großartiger Kerl[18].

Der Gesandte. Mesopotamien unterwirft sich ohne alle Bedingungen, auf Gnad' und Ungnad'; selbst die Ungnad' is uns eine Gnad'.

Holofernes. Warum so spät? Was zieht ihr euch wie Strudelteige? Is es so weit von Mesopotamien bis daher? Warum habt ihr euch keinen Separattrain[19] spendiert?

Der Gesandte. Ich erlaube mir, im Namen meines Königs vor deinem Grimm zu beben.

Holofernes. Ich hab' es geschworen, das Volk, was sich zuletzt unterwirft, wird aus'brennt wie die Schwaben[20].

Der Gesandte. Wir sind aber die vorletzten und tun gar schön bitten um Gnad', während die obstinaten[21] Hebräer sich widersetzen; sie verschanzen sich und schlagen ihre verwegenen Stadttore einem Holofernes vor der Heldennase zu.

Holofernes. Wer sind diese Hebräer[22]?

Der Gesandte. Die Hebräer sind ein merkwürdiges Volk.

16. Lehrherr, Geschäftsinhaber, »Chef«.
17. *Damisch:* ungeschickt, verdreht.
18. Vgl. Hebbel, *Judith*, I. Akt, S. 10, Z. 3 ff.
19. Sonderzug.
20. Küchenschaben (Ungeziefer).
21. (lat.) störrisch, starrsinnig.
22. Vgl. Hebbel, *Judith*, I. Akt, S. 11, Z. 8 ff. und 32.

Holofernes. Einen Merks[23] will ich ihm geben. Wer ist ihr König?

Der Gesandte. Ihr Gott ist zugleich ihr König.

Holofernes. Und woanders is der König zugleich der Gott, das kommt am End' auf eins heraus.

Der Gesandte. Künste und Wissenschaft lieben sie, Handwerk und Ackerbau ist ihnen verhaßt.

Holofernes. Kein Ackerbau? Ja, von was leben s' denn hernach?

Der Gesandte. Von Rebbach[24], ihre Nahrung besteht aus Vierteln, aus Achteln und aus Sechzehnteln, auch saugen sie aus allem Möglichen Perzente[25].

Holofernes. Is sie stark, die hebräische Armee?

Der Gesandte. Je nachdem. – Im Kämpfen sind sie schwach, wenn aber der Himmel für sie Wunder wirkt, da triumphieren sie über ihre Feinde, daß es eine Passion is.

Holofernes. Und sonst haben sie keine Schmerzen? Geh zu ihrem Oberpriester, er soll seinem Gott melden, der Holofernes is da! Mit so einem Helden hat er's noch nie zu tun g'habt, da is in ganz Wien, will ich sagen, in ganz Assyrien keiner, der mir 's Wasser reicht. *(Der Gesandte ab.)* Und ihr, meine Getreuen, folgt mir in den Kampf! Man sattle mir das buckligste meiner Kamele, auf nach – nach – wie heißt das Nest?

Idun. Bethulien.

Holofernes. Auf also, nach Bettltuttien[26]! *(Kriegerische Musik ertönt. Allgemeine Bewegung im Lager. Dem Holofernes wird ein Kamel mit zwei großen Höckern vorgeführt, er besteigt es so, daß er zwischen den beiden Höckern reitet, und umkreist unter jubelndem Schlachtruf die Bühne.)*

23. Veraltet für Merkzeichen im Sinne von Denkzettel, hier mit umgangssprachlicher Endung.

24. (jidd.) Gewinn, durch Geschäfte erzielt; auch Ausdruck der Gaunersprache.

25. Prozente.

26. *Bettltuttien*; *betteltutti sein* von ital. *perdutto*: völlig arm, zugrundegegangen.

Verwandlung

Strada[27] *in Bethulien.*

ZEHNTE SZENE

Ammon. Hosea.

Ammon. Was sagst du, Hosea, mein Freund!

Hosea. Was soll man da sagen, sie stehn draußen vor'n Tor.

Ammon. Aber werd'n sie stehnbleib'n draußen? Nein, sie werden dringen herein.

Hosea. Wir werden ihnen verschließen die Tore.

Ammon. Dann werden sie uns zernieren[28]!

Hosea. Zernieren, was is das?

Ammon. Zernieren, das is a Manöver, wo die Kreuzersemmel steigt auf ein' Gulden; wo sie die Milch werden bringen auf die Börs' und aufwiegen mit klingendem Gold; wo 's Rindfleisch a solche Rarität wird, daß einer den andern möcht' schächten[29].

Hosea. Da können wir machen a Geschäft. Schießen wir zusamm'.

Ammon. Zusamm'schießen? Den Holofernes und sein' Armee?

Hosea. Was Holofernes! Wir schießen zusamm' unser Geld und kaufen alles auf, was is Eßbares in der Stadt; wenn dann wird kommen die Hungersnot, profitieren wir dreihundert Perzent.

Ammon. Da verhungern wir dann als reiche Leut'.

ELFTE SZENE

Assad. Die Vorigen.

Assad. Was steht ihr da ohne Waffen? Was is das?

Hosea. Waffen, zu was Waffen?

Assad. Alles muß sich bewaffnen, die ganze Bürgerschaft von Bethulien wird geteilt in zwei Glieder; ins erste Glied kommt der Besitz, ins zweite die Intelligenz. Mir hab'n

27. (ital.) Hauptstraße, Mittelpunkt des öffentlichen Lebens.
28. Von frz. *cerner*: umzingeln, einschließen.
29. (hebr.) nach jüdischer Vorschrift schlachten.

s' eing'schrieben als Korporal, jetzt geh' ich mir kaufen ein' Sabel.

Ammon. Assad, du wirst opfern dein Leben, laß ab von der Kämpferei!

Assad. Wer sagt denn, daß werd' ich kämpfen? Der Sabel gehört zum Exerzieren.

Hosea. Exerzieren und versäumen die Börs' –? Schreckliche Zeiten, daß hab' ich müssen das erleben!

Assad. Ohne Ausnahm', exerzieren muß alls, sonst läuft einer dahin, der andere dorthin; so aber, wenn wird kommen die Hungersnot, dann verhungert die eine Kolonne halb links, die andere halb rechts.

Ammon. Mir fangt an zu kommen die Angst.

Hosea. Mir auch. Ich werd' mir streuen Asche auf das Haupt und mich stecken in einen Sack.

Assad. Zu was? Exerzieren is noch 's g'scheiteste.

Hosea. Da kommt der Hohepriester Jojakim.

Ammon. Der wird doch haben Trost für einen frommen Hebräer.

ZWÖLFTE SZENE

Jojakim. Die Vorigen.

Jojakim *(von Seite links auftretend).* Weh! Weh! Dreimal weh!

Ammon. Is das der ganze Trost, den uns die Priesterschaft gibt?

Jojakim. Wenn ihr auch alle solltet umkommen von den Schwertern der Feinde, so denkt, daß ihr's so verdient habt durch eure Sünden.

Hosea. Was sagen Sie zu dem Mann? Der lebt von unsern Abgaben, dem müssen wir zahlen den Zehent[30].

Jojakim. Und solltet ihr euch fühlen schuldlos, so denkt nur, der Herr bestraft die Sünden der Väter an den Kindern und Enkeln bis ins zehnte Glied.

Assad. Machen Sie keine beleidigenden Bonmots auf die *ewige* Gerechtigkeit. *(Zu den beiden andern.)* Kommts, gehn wir exerzieren, das is allweil noch 's g'scheiteste. *(Geht mit Ammon und Hosea links ab.)*

30. Der zehnte Teil des Einkommens als steuerliche Abgabe.

DREIZEHNTE SZENE

Der Hohepriester Jojakim (allein).

Jojakim. Der Zorn des Himmels fällt herab als feuriger Regen auf die Häupter der Gottlosen, doch so wie der Arzt Balsam in die Wunden, so träufle mein Wort Erquickung in die schmachtende Seele. Weh! Weh! Dreimal wehe!!! *(Geht zur Seite rechts ab.)*

VIERZEHNTE SZENE

Joab (tritt während dem Ritornell[31] *des folgenden Liedes von Seite links auf).*

Joab.

1.

Krieg von allen Seiten, drum geht auch per se[32]
Auf Urlaub die ganze hebräische Armee;
Der eine hat a Weib und fünf Kind'r in der Wieg'n,
Der andre wohl nicht, aber er kann s' ja noch krieg'n.
Kurz, jeder geht ham. – D' Völker, die 's nicht verstehn,
Spotten freilich, wenn s' uns sehn mit Waffen h'rumgehn;
Unsre Waffen sind nicht Luxus bloß, wie mancher meint,
Wir müssen doch was hab'n, was wir strecken vor'n Feind.
Unsere Leut'
Sind gar g'scheit,
Hab'n zum Kriegführ'n ka Freud'.

2.

Wie Gott freie Wahl unt'r all'n Völkern hat g'habt,
Hat er ohne viel B'sinnen auf d' Hebräer glei tappt.
Wir sind sein' Passion, drum werd'n wir auch reussier'n[33],
Ohne daß wir mit Schlachten uns abstrappizier'n.
Tut der Himmel aber auf unsern Fall spekulier'n,
Nutzt's uns nix, wenn wir 'n Feind und uns selbst malträtier'n;
Wir Hebräer hab'n Wunder g'nug in unsrer G'schicht',
Auf die Wunder der Tapferkeit leist'n wir Verzicht.

31. Immer wiederkehrendes Vor-, Zwischen- oder Nachspiel bei Liedern durch die instrumentale Begleitung.
32. (lat.) von selbst.
33. *Reussieren* (frz.): gelingen; Erfolg, Glück haben.

Unsere Leut'
Sind gar g'scheit,
Hab'n zum Kriegführ'n ka Freud'.

(Nach dem Liede.) Der Moses, der Moses, das war der wahre General! Überhaupt, d' größten Generale find't man in der biblischen G'schicht'. Schon der Adam hat gemacht die großartige Retirad'[34] aus 'n Paradies; wie is gekommen der Engel mit 'n feurigen Schwert, wie schön hat er da gekommandiert: »Rechts um! Eva, links schwenkt euch! Marsch!« – Was war der Überschwemmungsheld Noah für ein Admiral, dieser sündflutige Kolumbus und Nelson in einer Person! – Was für ein Kommandierender war der Josua. »Halt!« hat er g'schrien, und die Sonne ist g'standen still und hat ihm mit die Strahl'n salutiert. Soll's einer probieren jetzt, werd'n wir schon sehn. – Wie kolossal war das Belagerungsmanöver gegen Jericho! Tataratatatata, und d' Bastei is in Stadtgrab'n g'leg'n, und damals haben s' nicht einmal noch die Klappentrompeten gehabt. Jetzt erst der Moses! Unter dem seinen Kommando hat 's Rote Meer Spalier g'macht trotz der hannoveranischen Gard'[35], bei seiner vierzigjährigen Wüstenrekognoszierung[36] hat's Wachteln g'regnet und Preßburger Zwieback g'schneit, das halt' ich jedenfalls für das Nonplusultra der Strategie! *(Nach rechts sehend.)* Was is das!? Was seh' ich!? Der Tate[37] –!

FÜNFZEHNTE SZENE

Jojakim. Der Vorige.

Jojakim. Joab, mein Sohn! Laß dich umarmen, mein Sohn Joab, mein tapferer Kadett! *(Umarmt ihn.)*

Joab *(zu Jojakim).* Tate!

Jojakim. Joab, in was bist du gekommen für einer abscheulichen Period'! Greu'l der Verwüstung in Israel, Erdbeben in der Handelswelt, die festesten Häuser stürzen

34. *Retirade* (frz.): Rückzug.
35. Die hannoverische Garde trug rote Uniformen.
36. *Rekognoszierung* (lat.): Erkundung.
37. (hebr.) Vater (Kindersprache).

übereinander, und vom Geschäftshimmel fallen die Sterne herab.

Joab. Sag' mir der Tate, wie stehn die babylonischen Metallique[38] und die mesopotamischen Livoneser[39]?

Jojakim. Joab, mein Sohn, wer wird jetzt denken an a Börs'? Die assyrischen Nordbahnaktien[40] steigen von Stund' zu Stund', unser Lebenskurs steht pari[41] mit dem Tod, der Holofernes wird kommen als Sensal[42] und wird machen den Abschluß mit uns.

Joab. Sie sagen halt, wir kriegen Teuerung, Hungersnot, und da is am besten, wenn man nimmt Staatspapiere in die Kost[43]. – Man sollt' ihm machen, dem Holofernes, einen Prozeß; er is nur General, und wie geht er um mit die König'?! Is das Supperdination[44]?

Jojakim. Sie sind ihm alle zinsbar, die Könige der Erde.

Joab. Was zinsbar? Is er der Hausherr? Logieren sie bei ihm als Partei? Unter andern, Tate, sie sagen auch bei unsrer tapfern Armee, daß er a Menschenfresser is? Wenn er tafelt, sagen sie, verspeist er drei Jungfrauen, zwei als Tauben in einer Pasteten, und die dritte tunkt er ein in Kaffee.

Jojakim. Joab, mein Sohn, es wird alles übertrieben; wer weiß, was er oft verspeist, der große Holofernes, waih geschrien!

Joab. Aber umbringen tut er s' doch stark.

Jojakim. Konträr! Der starke Held hat nur zwei schwache Seiten, ein' guten Wein und ein schönes Geschlecht.

Joab. Gottes Wunder, wie schad' ist das, daß is unser Judith nicht da! Die hätt' jetzt können werden die Retterin von ganz Israel.

38. Österreichische und russische Staatsobligationen, die in Metallgeld verzinst und zurückgezahlt wurden.
39. Vermutlich: Lyonneser (frz. lyonnaise), Staats- oder Industrieobligationen eines der bedeutendsten Handelszentren Frankreichs mit einer als sicher geltenden Bank (Crédit Lyonnais).
40. Aktien der am 23. November 1837 eröffneten Kaiser-Ferdinand-Nordbahn; galten als sichere Papiere.
41. (ital.) zum Nennwert einer Aktie.
42. (ital.) Makler.
43. Ein in der Börsensprache üblicher Ausdruck bei Verlängerung von Kreditfristen, wenn der Kurs steigt.
44. (lat.) *subordination:* Unterordnung, Gehorsam.

Jojakim. Was sagst du von deiner Schwester Judith? Die wohnt draußen in Gebirg' und weint um ihren Manasses.

Joab. Unser Judith is a Schönheit – und nicht wahr, Tate, ich seh' ihr gleich?

Jojakim. Du bist worden geschaffen nach ihrem Ebenbild.

Joab. Die Mämme[45] hat immer gesagt, wenn die Judith nicht wär' gekommen a Jahr früher auf die Welt, wir hätten können sein zwei Zwilling'. *(Von plötzlicher Inspiration ergriffen.)* Ha, Beleuchtung von oben –! Prophetische Einwirkung von unten –! Begeisterung von allen Seiten –! Schmeichelei – Einschläferei – Betäuberei – Meuterei – Sablerei[46] –!!

Jojakim *(erschrocken)*. Joab, du bist ja besessen, mein Sohn! *(Murmelt eine talmudische Formel über ihn.)*

Joab. Is schon wieder vorbei, aber – wo is der Kammerschlüssel von der Judith?

Jojakim. Von der Judith?

Joab. Tate, Sie werden staunen, wenn werden Sie sehn, was er wird vollbringen, der Joab, der schöne Kadett! *(Dringend.)* Wo is der Kammerschlüssel von der Judith?

Jojakim. Auf meinem Betschemel, da wirst du finden das Buch Genesis, daneben liegt der Kammerschlüssel von der Judith. Aber was du vorhast, warum soll es nicht wissen dein Tate?

Joab. Warum? Darum! Wenn der Himmel will wirken a Wunder durch mich, so lassen Sie dem Himmel sein' Freud'!

Jojakim. Joab, schon' dein Leben – *(In die Szene links blickend.)* Da kommt das Volk von Bethulien, ich darf nicht vergessen meinen großen Beruf –! *(Im Abgehen.)* Weh! Weh! *(Geht links im Vordergrunde ab.)*

Joab *(allein)*. Mein Plan is ein Wunder des Himmels, wenn er gelingt –! Ja, wann er jetzt will wirken Wunder, der Himmel, so muß es schon sein was Aparts, denn was die Menschen ehmals gehalten hab'n für ein Wunder, das is jetzt was ganz Ordinäres.

45. Mutter (Kindersprache).
46. Von Säbel, möglich aber auch von *Sabel*: Rausch.

1.

In Babylon hab'n s' wollen ein' Stephansturm baun,
Der hat soll'n unserm Herrgott in d' Fenster einischaun,
Kaum war'n s' ober der Uhr, war'n s' schon alle verwirrt,
Eins hat spanisch und 's andre chinesisch disk'riert[47].
Das hab'n d' Leut' unerhört
Für a Wunder erklärt.
Jetzt hab'n auch woll'n viele baun bis in d' Wolken hinauf,
Aber 's tut's nicht, d' G'schicht' löst in sich selber sich auf,
Denn beim Grundsteinleg'n[48] hab'n s' schon ang'stimmt ein' Diskurs,
Geg'n den alles Babylonische verstecken sich muaß.
So was nennt man kein Wunder jetzt mehr heutzutag',
Man find't's ganz natürlich, und kein Hahn kraht danach!

2.

Uns're Vorfahr'n war'n Dalk'n[49], hab'n sich g'worfen zur Erd'
Und ein goldenes Kalb hab'n sie göttlich verehrt,
Für den Frevel an g'sunder Vernunft hab'n sie büßen
Und ich weiß nicht wieviel Jahr' in Elend leb'n müssen;
Das hab'n d' Leut' unerhört
Für a Wunder erklärt.
Wie viele gibt's jetzt unter unsere Herrn,
Die a Gans mit viel Geld als a Göttin verehr'n;
Das Schicksal tut ihnen d' verdiente Straf' geb'n,
In Simandlketten[50] führ'n s' a elendigs Leben.
So was nennt man kein Wunder jetzt mehr heutzutag',
Man find't's ganz natürlich, und kein Hahn kraht danach!

3.

Wie der Jonas ins Meer hinein'plumpst is, was geschieht?
Kommt ein Walfisch und schlickt[51] ihn vor laut'r Appetit;

47. *Diskurrieren* (lat.): erörtern, sich unterhalten.
48. Anspielung auf die langwierigen, vielfach dogmatisch-theoretischen Charakter tragenden Debatten des Reichstages zu Kremsier über die *Grundrechte* des Bürgers.
49. *Dalk:* Tölpel, ungeschickter Mensch.
50. *Simandl:* Pantoffelheld.
51. Schluckt.

Doch er muß ihm nicht g'schmeckt hab'n, 's war ein
heikliges Viech,
Nach drei Tag'n gibt er 'n ganzen Propheten von sich.
Das hab'n d' Leut' unerhört
Für a Wunder erklärt.
Wir hab'n Politiker jetzt voll prophetische Gab'n,
Die bei all'n, was g'schieht, sag'n, daß sie 's voraus g'wußt
hab'n;
Ohne daß sie wer schlickt, lieg'n s' allen Leuten in Magen,
Was kein Walfisch verdaut, müss'n oft Menschen
vertrag'n.
Und man nennt das kein Wunder jetzt mehr heutzutag',
Man find't's ganz natürlich, und kein Hahn kraht
danach!

4.

Der ägyptische Josef hat g'schmacht't in Gefängnis,
Da wendet ein Pharao-Traum sein Verhängnis,
Sie hab'n ihn hervor'zog'n aus kerk'rischer Nacht
Und gleich zum Minister des Innern gemacht.
Das hab'n d' Leut' unerhört
Für a Wunder erklärt.
Solche Sprünge g'schehn häufig in neuester Zeit,
Nur machen sie 's umgekehrt meistens, die Leut'.
Gleich im Anfang sehn sie sich als Minister ganz hoch,
Man hilft ihnen aus 'n Traum, und 's Finale is 's Loch[52].
So was nennt man kein Wunder jetzt mehr heutzutag',
Man find't's ganz natürlich, und kein Hahn kraht
danach!

5.

D' Salomonischen Sprüche, die sind weltbekannt,
Vorzugsweise hat man ihn den Weisen genannt;
Später hat er mit Götzendienst sich wohl blamiert,
's heißt, sein' Massa von Weibern hat ihn dazu verführt.
Trotzdem wurd'r unerhört
Für a Wunder erklärt.
Wieviel Männ'r hab'n wir jetzt, wo in Reden und Schrift
Gar mancher den Salomon weit übertrifft.
Sie leb'n in Ansehn als ruhmvolle Herr'n,

52. Gefängnis.

Nur wenn s' alt wer'n, wer'n s' dumm und tun
Weiberknecht' wer'n.
So was nennt man kein Wunder jetzt mehr heutzutag',
Man find't's ganz natürlich, und kein Hahn kraht
danach!
(Durch den Hintergrund links ab.)

SECHZEHNTE SZENE

Jojakim. Volk von Bethulien, darunter Ben, Nazael, Daniel, Rachel, Sara (treten sämtlich von Seite links aus dem Vordergrunde auf; Rachel führt den blind-stummen Daniel).

Sara. Das is zu arg. Die Hungersnot kommt zu steigen, und wenn sie steigt, so wachst sie.

Rachel *(zu Jojakim)*. Mann Gottes! Was wird denn geschehn fürs allgemeine Wohl?

Jojakim. Weh! Weh!

Sara. Das spüren wir ohnedem! 's Paar Hendln[53] kost't sechsundneunzig Gulden.

Nazael. Für ein' kälbernen Schlögel[54] geben s' a dreistöckigs Haus.

Rachel *(auf Daniel zeigend)*. Mein blinder Schwager hat lassen fallen seine Hand auf ein' Maschanzger[55], hab' ich müssen zahlen zwei blanke Dukaten. *(Daniel macht heftige Bewegungen, durch die er seine Indignation kundgibt, und ißt gierig den Maschanzger.)*

Ben *(zu Rachel)*. Warum hat er denn nicht g'sagt, daß er is blind?

Rachel. Weil er stumm is, das is ja das Unglück.

Sara *(nach rechts in die Szene deutend)*. Da schau' die Frau Rachel hin, da kommen unsere Männer.

Rachel. Ich glaub' gar – beim Stab Mosis! Sie exerzieren –! Was für ein Geist is gefahren in die friedlichen Bürger von Bethulien!

Sara. Sie exerzieren –!

53. Hähnchen.
54. Kalbskeule.
55. Apfelsorte.

SIEBZEHNTE SZENE

Assad. Ammon. Hosea. Nabal. Die Vorigen.
(Sie marschieren mit gezogenen Säbeln heraus.)

Assad *(als Korporal, die andern drei kommandierend).* Eins! Zwei! Eins! Zwei! Eins! Zwei! Halt!

Rachel. Und wie schön sie das machen!

Hosea. Das Herumkommandieren fangt mich an zu verdrießen.

Nabal. Is er mehr als wir?

Ammon. Is nicht ein Jüd' als wie der andere?

Assad *(kommandierend).* Marsch!

Hosea. Wohin?

Assad. Wer hat was zu fragen, wenn ich kommandier'?

Hosea. Pack' ein, g'hörst auch nur unter die klein' Leut'!

Assad. Supperdination! Habt acht!

Ammon. Ich bin neugierig, auf was.

Assad. Links g'schaut!

Hosea. Warum? Links is gar nix! Warum sollen wir schauen links? Was ist da zu sehn?

Assad. Da soll doch das polnische Donnerwetter –!

Jojakim. Weh! Weh! *(Hosea, Ammon und Nabal stekken ihre Säbel ein.)*

Ammon. Ich lass' mich ausstreichen.

Hosea *und* Nabal. Wir auch!

Hosea. 's Exerzieren macht Appetit, das könnt' man grad brauchen in der Hungersnot.

Assad. Krumm und lahm sollts ihr werden!

Volk *(zu Jojakim).* Hilfe, schaff' Hilfe, Hoher Priester!

Jojakim. Der Himmel kann euch nicht helfen, ihr habt ihm die Hände gebunden durch eure Sünden.

Assad. Wunder müssen g'schehen, Wunder und Zeichen, sonst –

Hosea. Mein Nachbar, der Schlosser, hat g'sagt, wenn nicht bis zum Schabbes[56] kommt Hilfe von oben, so wird er lassen seine Lehrbub'n braten.

Assad. Unser ganzer Widerstand is eine Dummheit[57], wir wollen lieber sein schön unterwürfig, dem Holofernes öffnen das Tor, ihm machen ein tiefes Kompliment und

56. (hebr.) Sabbat.
57. Vgl. Hebbel, *Judith*, III. Akt, S. 34, Z. 10 ff.

sagen: »Euer Exzellenz sind der Beglücker von ganz Israel!«

Daniel *(plötzlich die Sprache gewinnend)*. Steiniget ihn! Steiniget ihn!

Alle *(mit Staunen)*. Was war das? Der Stummerl red't?

Rachel. Das is nur bei besondere Gelegenheiten der Fall.

Assad. Für gewöhnlich is er stumm.

Jojakim. Er ist gottbegeistert, hört auf sein Wort!

Hosea. Auf die Art müßt' sein Bruder Assad gesteinigt werden.

Rachel. Wär' mir nicht lieb, mein Mann –!

Assad *(zu Jojakim)*. Sie müssen ja nehmen, er is blind und sieht nicht, was er red't.

Jojakim *(zu Assad)*. Du sollst frei ausgehen, aber dem Grimm des Herrn müssen Opfer fallen, des Stummen Mund wird sie bezeichnen.

ACHTZEHNTE SZENE

Nathan. Die Vorigen.

Alle. Da kommt der Nathan –!

Ammon. Ganz verstört schaut er aus –

Nathan *(atemlos von Seite links aus dem Hintergrunde herbeieilend)*. Das is a Nachricht! Ich hab' a Stafetten bekommen, wenn ich die mach' bekannt, so fallen alle Papier' um fünfzig Perzent.

Alle. Schrecklich!

Rachel. Red' der Herr Nathan!

Hosea. Nein, schweig' der Herr Nathan!

Nathan *(zu Hosea)*. Ich kann's nicht verschweigen –

Daniel *(in heftiger Aufregung)*. Steiniget ihn! Steiniget ihn!

Mehrere aus dem Volke *(Nathan packend)*. Fort mit ihm! Zum Richtplatz! *(Sie schleppen Nathan fort nach Seite rechts.)*

Hosea *(ihnen folgend)*. Aber so laßt euch nur sagen –!

Jojakim. Er sei das Sühnopfer für die allgemeine Schuld!

Ammon *(zu Jojakim)*. Der boshafte Stummerl hat's ja

nur g'sagt, weil er spekuliert aufs Steigen und fürchtet, daß bekannt wird die Stafetten.

Sara *(leise)*. Bist still, wenn er's hört! *(Deutet furchtsam auf Daniel.)*

Jojakim *(zu Ammon)*. Er ist gottbegeistert, lästre ihn nicht!

NEUNZEHNTE SZENE

Heman. Die Vorigen.

Heman *(von Seite links auf die Bühne eilend)*. Es is zu stark, die Teuerung wird immer ärger!

Alle. Der Meister Heman!

Ammon. Der Schneider.

Heman. Wo soll man hernehmen a Geld? Ka Mensch zahlt, ich muß einkassieren die ausständigen Schulden.

Nabal. Da fahr' ich ab! *(Läuft davon.)*

Heman *(Daniel erblickend und auf ihn losgehend)*. Aha, der Blinde da, der tut auch, als ob er mich nicht sähet; der Herr is mir den Anzug noch schuldig vom vorigen Jahr.

Daniel *(im höchsten Affekt)*. Steiniget ihn! Steiniget ihn!

Heman. Was? Wär' das mein' Bezahlung?!

Das Volk. Fort mit ihm! Fort! *(Sie packen ihn.)*

Heman. Waih geschrien!!

Jojakim. Der Stumme hat dein Urteil gesprochen, fort! *(Mehrere schleppen Heman nach Seite rechts fort.)*

Jojakim. Die Fügung des Himmels ist wunderbar, ein Schneider ist das zweite Opfer!

Ammon. Ich bin dem blinden Dickschädl sein Schuster, ich werd' mich hüten, daß ich was red't.

ZWANZIGSTE SZENE

Hosea. Die Vorigen.

Hosea *(von Seite rechts zurückkommend)*. Wo is der Daniel? *(Zu Daniel.)* Weißt, was er gesagt hat vor sein' Tod, der Nathan? Der Daniel wird's bereuen, hat er gesagt, ich hab' ihm zu zahlen einen Wechsel von dreitausend Gulden, und all mein Geld hab' ich vergraben, kein Mensch weiß wo, kein Kreuzer is zu kriegen nach mein' Tod. *(Daniel will in verzweiflungsvoller Wut zu sprechen anfangen, bringt aber nur ein unartikuliertes Gewimmer hervor.)*

Assad. Jetzt hat's ihm wieder die Sprach' verschlagen.

Mehrere aus dem Volk. Recht g'schieht ihm, recht!

Assad. Und ich verstoß' ihn noch extra, so ein Gottbegeisterter könnt' mir g'stohl'n werden im Haus. *(Daniel fällt zur Erde und schlägt sich mit den Fäusten den Kopf.)*

Hosea. Und ich nehm' ihn zu mir. Da sperr' ich ihn in ein Zimmer, wo gar kein Möbel is als ein großer Nagel an der Wand; da geb' ich ihm dann einen Strick zum Spielen, vielleicht, daß ihn die Einsamkeit auf einen zweckmäßigen Gedanken bringt. *(Nimmt Daniel mit sich fort.)*

Assad *(zum Volk)*. Und wir eilen zum Hohen Rat und sagen ihm, daß er dem Holofernes soll öffnen das Tor.

Volk. Ja, das wollen wir! Zum Hohen Rat! *(Alle eilen links ab im Hintergrunde.)*

Jojakim. Wehe! Wehe! *(Ab.)*[58]

Verwandlung

Das Innere des Feldherrnzeltes.

Im Prospekt links der mit einem Vorhang geschlossene Ausgang ins Lager; im Prospekte rechts der Eingang in das Schlafzelt des Holofernes, ebenfalls mit einem Vorhang geschlossen. Im Vordergrunde links ein goldverziertes Ruhebett, davor ein goldener runder Tisch und ein Taburett[59].

EINUNDZWANZIGSTE SZENE

Holofernes, Idun, Chalkol, Zepho, Achior (treten aus dem Lager ein).

Holofernes. Wenn ich wieder rekognoszieren reit', so muß der Koch mitreiten. *(Zu Achior.)* Wein! *(Achior*

58. Zu Szene 21–24 vgl. Hebbel, *Judith*, III. Akt, S. 34, Z. 18 bis S. 37, Z. 21. – Beide Originalhandschriften haben nach Szene 20 noch vier Szenen, die Züge des II. Aktes von Hebbels *Judith* parodieren, vor allem die Sexualproblematik. Vermutlich aus Zensurschwierigkeiten hat Nestroy diese Szenen noch während der Arbeit gestrichen; vgl. GW, Bd. 5, S. 700–704.

59. (arab.-frz.) niedriger Stuhl, Hocker.

winkt in die Szene, ein Sklave stellt eine goldene Kanne und Becher auf den Tisch links und geht ab.)

Idun. Fühlt mein Feldherr Appetit?

Holofernes. Hauptmann, für diese Frage degradier' ich dich zum Vizeg'freiten.

Idun. Ich dachte nur –

Holofernes. Das ist dein Verbrechen; ich allein denk', und wer sich Gedanken anmaßt, der begeht einen Einbruch in meinen Kopf[60]. *(Zu Achior.)* Der Koch soll sich Bethulien anschaun, morgen zünd' ich's an und ich weiß nicht, ob's ihm Glut genug geben wird, ein' Kartoffelschmarrn für mich zu schmoren[61]. *(Trinkt im Verlauf des Auftrittes zu wiederholten Malen.)*

Achior. Sehr wohl, ich hab' mir denkt, daß 's so was is.

Holofernes. G'scheiter Kerl! Da nimm dies Goldstück! *(Gibt ihm Geld.)*

(Achior geht zum Ausgang in das Lager ab.)

ZWEIUNDZWANZIGSTE SZENE

Die Vorigen ohne Achior.

Idun *(leise zu Chalkol und Zepho, mit Beziehung auf Achior).* Der darf denken.

Chalkol *(leise zu Idun).* Ja, ein Kämmerling darf viel, was wir nicht dürfen.

Holofernes. Chalkol! Wie hat dir die Hebräermaid gefallen, die durch unser Lager zog[62]?

Chalkol. O unendlich! Bei ihrem Anblick fuhr mir's durchs Herz wie –

Holofernes. So vielleicht? *(Durchbohrt ihn mit dem Schwerte.)*

Chalkol. Ah! *(Stürzt zusammen und stirbt.)*

Holofernes. Ich werd' dir's austreiben, auf Mädeln schaun, die deinem Feldherrn in die Augen stechen! Teuxel noch einmal! *(Zu Zepho.)* Man fange sie und gebe zehn gefangene Juden frei – und noch was drauf!

60. Vgl. Hebbel, *Judith*, I. Akt, S. 6, Z. 30 f.
61. *Kartoffelschmarrn:* Reibekuchen, Kartoffelpuffer; vgl. Hebbel, *Judith*, II. Akt, S. 20, Z. 11 ff.
62. Vgl. Hebbel, *Judith*, V. Akt, S. 58, Z. 13 ff.

Z e p h o. Wozu, Herr? Wir fangen sie auch so!

H o l o f e r n e s. Willst du mich zu einer Schmutzerei verleiten? Stirb! *(Ersticht ihn.)*

Z e p h o. Ah! *(Sinkt zu Boden und stirbt.)*

H o l o f e r n e s. Nun, Idun, was sagst du? Ist die Hebräerin nicht reizend, packschierlich[63], schön?

I d u n *(beiseite)*. Jetzt leg' ich mir ein Bildl[64] ein bei ihm. *(Laut.)* Schön? Hm – ich hab' sie eigentlich gar nicht angeschaut.

H o l o f e r n e s. So wenig Ehrfurcht hast du vor dem Geschmack deines Herrn? Stirb, Elender! *(Ersticht ihn.)*

I d u n. Ah! *(Sinkt zu Boden und stirbt.)*

H o l o f e r n e s. Ich werd' euch Mores lehren – zwar nein – denen lern' ich nix mehr.

DREIUNDZWANZIGSTE SZENE

Achior. Die Vorigen.

A c h i o r *(meldend)*. Die reich- und reizgeschmückte Hebräerin wünscht aufzuwarten.

H o l o f e r n e s. Aha, kennimus nos[65]! Laß aber erst 's Zelt ordentlich zusamm'räumen, überall lieg'n Erstochene herum – nur keine Schlamperei! *(Achior winkt in die Szene, mehrere Sklaven kommen und tragen Idun, Chalkol und Zepho fort.)*

H o l o f e r n e s *(zu Achior)*. Drei Stellen sind vakant, man verkünde im Heer das Avancement. Man bringe Wein und Speisen, aber nix Süß's, das Süße soll die Dirne selber sein. *(Achior öffnet den Zeltvorhang links im Prospekte, und Joab, als Judith verkleidet, im reichen glänzenden Gewande, tritt, von der Magd Mirza begleitet, ein.)*

63. Possierlich, niedlich.
64. *Ein Bildl einlegen:* sich einschmeicheln.
65. Küchenlatein: kennen wir; vgl. Hebbel, *Judith*, V. Akt, S. 59, Z. 20 ff.

VIERUNDZWANZIGSTE SZENE

Judith. Mirza. Die Vorigen.

Judith (Joab) *(zu Holofernes).*
Ich hab' gebeten, daß man melden mich möcht'.
Den Herrn von Holofernes such' ich – geh' ich recht?

Holofernes. Wär' mir nicht lieb, wenn's außer mir noch einen gäbet. Ich hab' die Spiegeln abg'schafft, weil sie die Frechheit haben, mein Gesicht, was einzig in seiner Art is, zu verdoppeln[66]. – Wie heißt du?

Judith (Joab). Aufzuwarten gehorsamst,
Judith bin ich bevornamst.
Ich bin eine jung' Alttestamentarische,
Wohl manchmal a Gretl, a narrische,
Aber Witwe aus ein' sehr guten Haus,
Und kenn' mich vor Unschuld gar nicht aus.

Holofernes. Unschuldige Witwen hab'n sie in Bethulien? Dahin hat es die assyrische Industrie noch nie gebracht.

Judith (Joab).
Ich bin die einzige, durch ein Schicksal, ein rasses[67],
Und wer is schuld dran? Der Manasses.

Holofernes. Der Manasses? Ah, das is wohl der Selige?

Judith (Joab).
Selig war er so wenig als ich;
Wenn's g'fällig is, hören Sie mich.
Erfassen wird Sie Entsetzen und Graus,
Und merkwürdig, auf d' Letzt' kommt gar nix heraus.

Holofernes. Eine ganz eigne Art, dem Interesse des Interessanten ein gesteigertes Interesse zu verleihn. Erzähle!

Judith (Joab).
Der Vater, zwei Beistând' und noch ein vierter
Brachten mich als so frisch kupolierter[68]
Ins manassische Haus;
Ich wär' gern wieder h'naus,
Denn mir sagte ein Ahnungsgesicht:
's schaut nix heraus bei der G'schicht'.

66. Vgl. Hebbel, *Judith*, IV. Akt, S. 50, Z. 10 ff.
67. *Raß:* rar, selten; vgl. Hebbel, *Judith*, II. Akt, S. 15, Z. 26 bis S. 18, Z. 27.
68. *Kupolieren:* Wortspiel mit lat. *kopulieren*: vermählen und *kuppeln*.

Alles ging, und wir waren allein,
Die Kammer erhellte Millykerzenschein[69];
Drei war'n's – er umschlingt mich und auslöscht die erste –
Vor Herzklopfen glaubt' ich grad, daß ich zerberste; –
Da küßt er mich und – 's geht ins Weite –
Im nämlichen Moment löscht auch aus die zweite;
Und trotz Flehn und jungfräulicher Bitte
Macht er einen Blaser – und aus war die dritte.

Holofernes. Mit dem Referenten einverstanden; so hätt' ich's auch gemacht. Bis jetzt bin ich auf 'n Manasses seiner Seite.

Judith (Joab).
Der Manasses hüpft vor Wonne, und zärtlich grinst er:
»O Judith, ich sehe dich auch in der Finster.«
Nun ja, er konnte leicht mich sehn,
Denn der Mondschein schien schon schön.
Mich schwach nur sträubend, sink' ich in ein Fauteuil[70];
Da springt er zurück – rührt sich nicht von der Stell'.
Unbeweglich – mir graut –
's hat grad so ausg'schaut,
Als hätt' ihm ein Dämon von unten
Die Füß' an ein'n Felsen an'bunden.
Ich denk' mir: was ist's denn, was treibt er?
Doch in seiner Stellung verbleibt er.
»Willst mich schrecken« – sag' ich – »genug des Spaßes,
Komm zu deiner Braut, du garstiger Manasses!«

Holofernes. Na, da wird er doch deutsch – will ich sagen, hebräisch verstanden haben?

Judith (Joab).
Da sagt er mit schauerlich starrem Schafsgesicht
Zehnmal in ein' Atem: »Ich kann nicht!« –

Holofernes. O du verflixter Manasses!

Judith (Joab).
Weinend ring' ich die Hände vor Kummer,
Da umfing mich –

Holofernes. Aha! –

Judith (Joab).
Nicht er – nein, nur ein Schlummer. –
Den andern Tag war er still,

69. *Millykerzen:* Stearinkerzen; der frz. Erfinder hieß Milly.
70. (frz.) Sessel.

Und auch ich sprach nicht viel –
So lebten wir sechs Monat' in Frieden,
Aber grad so gut, als wär'n wir geschieden.

Holofernes. Es muß ja aber doch zur Sprach' gekommen sein: war er verhext oder hat man ihm einen Weidmann gesetzt[71] oder –

Judith (Joab).
Erst wie er zum Sterben war, hab' ich's übers Herz bracht,
Zu fragen: »Was war es denn in der Hochzeitsnacht?«
»Ja«, sagt er, »jetzt will ich dir's sagen, du –«
Bumsdi, fall'n ihm die Augen zu;
Der Tod brach ihm die Stimm',
Des Rätsels Lösung starb mit ihm.
Ein ewig Dunkel bleibt's und niemand waß es,
Das eigentliche Bewandtnis mit 'n Manasses.

Holofernes. Das kommt jetzt auch nicht mehr auf. Erschlagen könnt' ich ihn, aber lebendig machen kann ich ihn nicht. Aber, auf Ehr', du bist gar kein übler Schneck[72]. Ich krieg' Achtung vor Bethulien. Schad', daß ich alle Städte, die ich achte, anzünden muß. *(Mittlerweile werden von Sklaven Speisen aufgetragen.)* Was verschafft mir aber eigentlich das Vergnügen?

Judith (Joab).
Man sagte mir, Menschenleben schonen Sie nie,
(schalkhaft) Sie sind eine kleine Bosheit, Sie!
Man sagte auch – ich kann's nicht glaub'n von so einem Herrn –
Daß Sie ein Judenfresser wär'n.

Holofernes. Es ist nicht so arg; ich hab' nur die Gewohnheit, alles zu vernichten[73]. Setz' dich und speis' mit mir. *(Legt sich in antiker Stellung auf das Ruhebett.)*

Judith (Joab).
Ich hab' Appetit.
Mein'thalb'n, ich ess' mit.

Holofernes *(auf Mirza zeigend).* Die könnt' aber derweil in die Kuchel[74] gehn.

71. *Einen Weidmann setzen:* einen Zauber ausüben, der den Bezauberten bei der Jagd schußunfähig macht; vgl. *Freischütz* von C. M. Weber, I. Akt, 2. Szene.
72. Hübsches Mädchen.
73. Vgl. Hebbel, *Judith,* I. Akt, S. 12, Z. 19 f.
74. Küche.

Judith (Joab).
O laßt sie hier, sie kann mir nützen,
Ich hab' die Gewohnheit, mich öfters auf sie zu stützen.
(Sie lehnt sich in malerischer Stellung[75] *auf Mirza.)*
Holofernes Wohlan – prenez place[76]! *(Setzt sich.)*
Judith (Joab) *(die Tafel musternd).*
Aber sehr frugal speist der große Holofernes,
Nur ein Huhn mit Salat und ein Schnitzl, ein kälbernes.
Holofernes. Ich bin mehr Trinker. Nun dein Anliegen?
Judith (Joab) *(hat sich aufs Taburett gesetzt).*
Sehn Sie, mein Volk grabt sich selber sein Grab,
Sie g'wöhnen sich das Sündigen nicht ab[77];
Der Himmel, der leid't das nicht,
Jetzt hab'n wir s', die G'schicht'.
Holofernes *(nach und nach benebelt werdend).* Was heißt das, »Sündigen«?
Judith (Joab).
Um so was müssen Sie mich nicht fragen;
Selbst wenn ich's wußt', tät' ich's nicht sagen.
Holofernes. Trink und sprich weiter!
Judith (Joab).
Ich bitt', ich bin das nicht g'wöhnt,
Ich hab' ohnedem z'viel Temperament.
(Trinkt und verzieht das Gesicht.)
Hm, euren Wein dacht' ich süßer und würziger,
Das is sein Leb'n kein Guld'n, das is ein
Achtundvierziger[78].
Holofernes. Judith, gib mir das erste Bussi!
Judith (Joab).
Jetzt schon? Wie ungestüm!
Aber, Holofernes, Sie sind schlimm!
Ich muß sagen, daß der Schritt mich fast reut,
Mich werden s' weiter nicht ausrichten[79], unsere Leut'!
Holofernes. Wer kann dich ausrichten? Morgen um die Zeit gibt's gar keine Juden mehr.

75. Vermutlich Parodie auf den Darstellungsstil des Burgtheaters, wo Hebbels *Judith* am 1. Februar 1849 ihre Wiener Erstaufführung erlebte.
76. (frz.) Nehmen Sie Platz.
77. Vgl. Hebbel, *Judith*, IV. Akt, S. 51, Z. 7 ff.
78. Der Wein des Jahres 1848 galt als besonders schlecht und sauer; der »Guldenwein« dagegen war sehr beliebt.
79. Verleumden; vgl. Hebbel, *Judith*, IV. Akt, S. 55, Z. 14 f.

Judith (Joab).
Was sagst du!? Sieh, ich rück' mit meiner Bitte näher,
Schone, ach, schon' meine guten Hebräer!
Denk', Stolzer, mein Volk bild't sich viel zu viel ein,
Wenn es glaubt, deines Zornes würdig zu sein.

Holofernes. Guter Gedanken[80]! Hätt' ich ihn gehabt, eh bien! – Aber er is von dir, und ich – steh' nicht an auf deine Gedanken, folglich – folglich wird dein Volk verbrennt – rein alles verbrennt.

Judith (Joab) *(heftig vom Stuhl auffahrend).*
Also keine Rettung für meine Nation?!
Meinen Ruf bracht' ich zum Opfer und hab' nix davon?!

Holofernes *(für sich).* Sie wird köbig! *(Steht etwas wankend auf und ruft.)* Kämmerling!

Achior *(vortretend).* Befehlen –?

Holofernes. Wo steckst du, wenn ich sag': »Kämmerling«!? *(Leise.)* Du, der trau' ich nicht.

Achior *(leise).* Ich trau' gar keiner.

Holofernes *(leise).* Du weißt, was mir einmal geträumt hat – du weißt –

Achior *(leise).* Ich weiß auch, welche Vorkehrung Dieselben treffen ließen.

Holofernes *(leise).* Ganz recht – muß heute vorgekehrt werden – die Vorkehrung, verstanden?

Achior *(leise).* Sehr wohl! *(Geht nach rechts ins Schlafzelt ab.)*

Holofernes *(zu Judith, sich ihr nähernd).* Bussi! Bei meinem Zorn, ein Bussi!

Judith (Joab).
Zorn und Bussi, wie reimen sich diese Worte?
(Mit grimmiger Aufwallung.)
Geben S' lieber Obacht, daß ich Ihnen nicht morde.
Ja, ja, so spricht sie, die Judith,
Denn sie kennt sich vor Wut nit –

Holofernes *(lachend).* Hoho! Hohoho! Ich soll mich fürchten? Da müßt' ich ein saubrer Holofernes sein! – Schad' – ich hab' jetzt meinen Schwindel – *(Achior tritt von rechts aus dem Schlafzelt und läßt den Vorhang desselben offen; man sieht das reichverzierte Innere und das Bett des Holofernes. Achior geht links in die Szene ab.)*

80. Vgl. Hebbel, *Judith*, IV. Akt, S. 53, Z. 8 ff.

J u d i t h (J o a b) *(zu Holofernes).*
Schwindel? Die Unsern nennen 's einen Affen,
Und wer den fühlt, der legt sich schlafen.

H o l o f e r n e s. Das tu' ich auch! – *(Nimmt sein Schwert ab und legt es auf den Tisch links. Mit stolzem Hohn zu Judith.)* Hier liegt mein Schwert – du kannst hier Schildwach' stehn – *(indem er nach rechts in das Schlafzelt wankt)*, damit dir die Zeit vergeht. – *(Sich niederlegend.)* Wenn ich ruf': »G'wehr aus!«, so gibst du mir – das Bussi. – Siehst du, hier lieg' ich mit dem Kopf. – G'wehr aus! – Bussi – *(Läßt den Vorhang zufallen.)*

M i r z a *(leise zu Joab).* Ich zittere an allen Gliedern – was haben Sie gewagt, junger Herr! Ihr junges Leben –

J u d i t h (J o a b) *(mit natürlicher Stimme).* Als Frauenzimmer riskiert man hier nix. – Still – hast du nicht gehört – mir scheint, er schnarcht, der grausige Feldherr.

M i r z a *(horchend).* Mir war auch so –, ja –

J u d i t h (J o a b). Der Rausch is ein Vogel, der leicht verfliegt. Auf was wart' ich –? G'schwind, gib das Zeichen zum Ausfall den Bethuliern, zünd' an das versteckte Raketl; wie es fliegt in die Luft, fallt der Holoferneskopf auf die Erd'.

M i r z a. Dasmal tu' ich's, aber zeitlebens geh' ich mehr in kein Lager. Wie mich diese Krieger alle angeschaut haben, und ich ohne Schleier –

J u d i t h (J o a b). O, mache doch, daß du weiterkommst!

M i r z a. Ich eile – *(Ab.)*

J u d i t h (J o a b). Ich soll hier Schildwach' stehn –? *(Zieht das auf den Tisch links gelegte Schwert aus der Scheide.)*
Ich bin avanciert,
Mit dem Feldherrnschwert wird kommandiert.
Es ist des Schicksals Beschluß –
Holofernes, Kopf bei Fuß!
(Eilt in das Schlafzelt ab und schließt den Vorhang hinter sich. Holofernes guckt mit listigem Lächeln an der rechten Seite des Vorhangs heraus. Von diesem Augenblick ab begleitet melodramatische Musik das Ganze bis zum Schluß.)

J u d i t h (J o a b) *(tritt nach einer kleinen Weile mit einem dem Holofernes ähnlichen, aber größeren kaschierten Kopf in der linken Hand von rechts aus dem Zelt und ruft, das Schwert in der Rechten hoch emporhaltend).* Hat ihm schon!

Holofernes *(für sich).* Anpumt[81]!

Judith (Joab) *(zu dem in das Lager führenden Ausgang links eilend und den Vorhang öffnend, ruft mit lauter Stimme hinaus).*

Seht, Assyrier! Hier halt' ich ihn beim Schopf,
Ihr habt einen Feldherrn ohne Kopf[82]!

Stimmen *(von außen).* O Schrecken! O Graus!

Judith (Joab) *(nach der Tiefe sehend).* Was naht sich dort wie Lützows wilde, verwegene Jagd –?

Stimmen *(von außen).* Weh! Die Hebräer!

Holofernes *(hat dem Achior, welcher von der andern Seite kam, zugewinkt, sich Judith genähert und packt sie mit Achior zugleich).* Haben wir dich erwischt!?

Judith (Joab) *(über Holofernes' Anblick aufschreiend und den Vorhang zufallen lassend).* Ah –!! Was is das!? Welch ein Überfluß an Köpfen!?

Achior. Was hör' ich denn draußen für eine Bewegung! *(Eilt zum Vorhang links und sieht ins Lager hinaus.)*

Holofernes *(grimmig zu Judith).* Jetzt fallt *dein* Kopf! *(Ruft.)* Herein! Ein Karree von vier Regimentern!

Achior. Herr, nicht ein einzigs is da, alle laufen s' mit dem Schreckensruf: »Unser Feldherr hat den Kopf verlor'n!«

Judith (Joab) *(triumphierend).* Ha, auch der falsche Kopf hat die rechte Wirkung getan!

Holofernes *(zu Achior).* Sie sollen mich anschauen, die dummen Kerl'n!

Achior. Sie rennen und schaun sich nicht um.

Judith (Joab) *(zu Holofernes).*

Hörst du den Trubel?
Das is Israels Jubel.

(Hosea, Assad, Ben, Nazael, Nabal stürmen mit mehreren Hebräern herein.)

Assad. Nehmt ihn gefangen! Courage! *(Auf Holofernes zeigend.)* Er ist enthauptet, der Kopf gilt nicht!

81. *Anpum(p)t:* fehlgeraten, angeschmiert.
82. Vgl. Hebbel, *Judith,* V. Akt, S. 80, Z. 10 f. – Nestroy parodiert hier die Buchfassung; die Theaterfassung hatte einen anderen Schluß, der vom eigentlichen Problem Judiths ablenkte (vgl. Hebbel, S. 395 bis 398).

Ben, Nazael, Nabal *(über Holofernes herfallend).* Haben wir dich? *(Sie nehmen ihn gefangen und legen ihm Ketten an, welche ein Hebräer mitgebracht.)*

Holofernes *(sich vergeblich wehrend).* Armee! Komm mir zu Hilfe! Wo steckst du, verdammte Armee?

Jojakim *(in Begleitung mehrerer Bethulier, wovon einer den Daniel führt, hereineilend).* Was hör' ich!? Joab, mein Sohn!

Judith (Joab). Tate!

Holofernes *(wütend).* Wie? Judith ein Sohn?

Judith (Joab). Ein Hebräerknabe hat dich überlistet!

Holofernes. Betrug! Verfälschung! Felonie[83]!

Jojakim. Weh! Weh! Dreimal weh!

Daniel *(gegen Jojakim, die Sprache bekommend).* Steiniget ihn, steiniget ihn!

Hosea *(zu Daniel).* Das is ja der große Priester!

Assad *(zu Jojakim).* Wir haben den Holofernes besiegt!

Daniel *(gegen Holofernes).* Steiniget ihn, steiniget ihn!

Alle. Hoch lebe Judith! Triumph in Israel!![84] *(Schlachtmusik. Der Zeltvorhang wird herabgerissen, so daß sich die freie Aussicht ins Lager öffnet. Man hebt Judith [Joab] auf einen Schild und trägt ihn im Triumph herum; vor ihm wird Holofernes in Ketten geführt. Während der Zug den Zeltraum umkreist, sieht man im Hintergrunde das Lager in Flammen aufgehn. Triumphgeschrei der Hebräer.)*

Ende

83. (frz.) Untreue, Verrat.

84. Der Schluß folgt hier einzig der Fassung, die auf die Bühne gekommen ist und auch sonst stärker auf die Bühnenbedürfnisse abgestimmt ist. Eine andere Fassung, welcher der Text der SW folgt, zeigt nach »Sie sollen mich anschauen, die dummen Kerl'n!« folgenden Schluß:

Achior. Zu spät!

Judith (Joab) *(zu Holofernes).* »Zu spät!« Hörst du das große Wort? »Zu spät!«

(Die hebräischen Krieger stürmen unter lärmender Schlachtmusik herein, nehmen Holofernes und legen ihm eilig Ketten an; der Zeltvorhang wird herabgerissen, so daß sich die freie Aussicht ins Lager öffnet. Jojakim tritt mit den Bethulier Bürgern ein, umarmt seinen Sohn, man hebt Judith [Joab] auf einen Schild und trägt ihn im Triumph herum; vor ihm wird Holofernes in Ketten geführt. Während der Zug den Zeltraum umkreist, sieht man im Hintergrunde das Lager in Flammen aufgehn. Unter dem Triumphgeschrei der Hebräer fällt der Vorhang.)

Häuptling Abendwind
oder
Das greuliche Festmahl

Operette in einem Akt

PERSONENVERZEICHNIS

Abendwind der Sanfte, *Häuptling der Groß-Lulu*
Atala, *seine Tochter*
Biberhahn der Heftige, *Häuptling der Papatutu*
Arthur, *ein Fremdling*
Ho-Gu[1], *Koch bei Abendwind*
Erster / Zweiter – Groß-Luluerer
Groß-Luluerer und Papatutuaner

Schauplatz: Eine der fernsten Inseln in Australien

Am 1.–4. und 7. Februar 1862 auf dem Quai-Theater während des letzten Gastspiels Nestroys aufgeführt.
Der Untertitel lautet auf dem Theaterzettel: *Indianische Faschings-Burleske in einem Akte frei nach dem Französischen. Musik von J. Offenbach.*

1. (frz.) *haut goût*: starker, strenger Geschmack.

Die Bühne stellt eine Gegend mit australischer Vegetation vor. Links um einen Baumstrunk, der als Tisch dient, Rasenbänke. Rechts eine zwischen Bäumen befestigte Hängematte. Im Hintergrunde ein Käfig, in welchem sich ein weißer Bär eingeschlossen befindet.

ERSTE SZENE

Abendwind. Atala. Ho-Gu. Mehrere Wilde vom Stamme der Groß-Lulu.

(Man hört in der Ferne den Donner eines sich verziehenden Gewitters rollen.)

Atala *(eine in der Hängematte liegende Puppe schaukelnd).* Ach, Papa! Was war das für ein garstiges Wetter!

Abendwind. Ich g'spür's schon seit drei Täg; d' Sandalen haben mich druckt, daß ich völlig krumm geh'.

Atala. Endlich scheint aber der Donner verstummen zu wollen.

Abendwind. Die Sonn' tut wieder ihre Schuldigkeit. Ich hab' ihr aber auch durch die Priester meine Meinung kurios sagen lassen; für was brächt' ich ihr denn die schönsten Opfer? Na, aber sie scheint jetzt wieder ganz ordentlich scheinen zu wollen. *(Sich zu den Wilden wendend.)* Und nun einige Worte zu euch, ihr Großen meines Reiches, die ihr eigentlich die größten seid in meinem ganzen Reich. *(Eine Anrede beginnend.)* Meine Herrn! – *(Mit Mißvergnügen bemerkend, wie alle ihn bewegungslos anglotzen.)* Na, werd'ts euch verneigen, oder nit? *(Alle verneigen sich.)* Das is ja nix Kleins, wenn man zu die Wilden »meine Herrn« sagt. Lernts doch a Art; es is ja a Schand', wenn wir heut' oder morgen entdeckt werd'n; die benachbarten Inseln sein schon entdeckt; die Zivilisationsverbreiter kommen überall hin; wo's noch was Unentdeckts gibt, da stieren s' auf. Also, meine Herrn! Ich, Abendwind der Sanfte, befehle euch, als meinen Vasallen, daß ihr dem schneeblühweißen Bären, der dort in seinem

Rohrpalast – *(den Schluß der Rede suchend)* was hab' ich denn eigentlich sagen wollen –?

A t a l a *(für sich).* Wie sich der Papa plagt, bis er eine Rede zusamm'bringt!

A b e n d w i n d *(fortfahrend).* Dieser weiße Bär nämlich, der als Sohn der Sonn' mir Glück bringt und gewissermaßen mein Uraundl[2] is – so will ich auch – *(wieder den Faden der Rede verlierend)* Teuxel[3], jetzt weiß ich nicht, was ich will – *(fortfahrend)* da er gewissermaßen mein Uraundl is –

A t a l a. Papa, das sagst du jetzt schon zum zweitenmal – »gewissermaßen mein Uraundl is«.

A b e n d w i n d. Geht's dich was an? Mit dem Madl hab' ich a G'frett[4]! Solang deine Mutter g'lebt hat, hab' ich nicht g'schaut auf dich, und da hab' ich glaubt, ich hab' ein' Engel von einer Tochter; als Witiber aber muß ich schaun auf dich, und da seh' ich a Menge, was mir nicht recht is. Du bist jetzt sechzehn Jahr' –

A t a l a. Is dir das auch nicht recht, Papa? *(Geht an die Hängematte und schaukelt wieder ihre Puppe.)*

A b e n d w i n d. O ja! Und da das wilde Jahr um a paar Monat' mehr hat als das zivilisierte, so bist du erwachsen genug, um ein festes Reproment[5] zu ertragen. Is das schön, daß du mich da hofmeisterst vor meine Wilden?

A t a l a. Wegen denen sollt' ich mich genieren?

A b e n d w i n d. Still! Und wirst hergehn, wenn ich dir gute Lehren gib?!

A t a l a. Da bin ich ja. *(Ist nähergetreten.)* Also –?

A b e n d w i n d *(böse werdend).* Das sag' ich dir, wenn du nicht bald anders wirst, so riskierst du, daß ich dir gelegentlich droh', daß ich dir vielleicht einmal was tu'. Ich bin zwar der Sanftmütige, aber ich hab' meine grantigen Stunden, und da kann ich so z'wider sein – und du bist jetzt einmal sechzehn Jahr', und drum –

A t a l a. Papa, das hast du jetzt auch schon zweimal gesagt.

A b e n d w i n d. Zweimal sechzehn Jahr'? Warum nicht gar! Das verschweiget ich g'wiß. Ich bin eigentlich froh,

2. Urahndl, Urgroßvater oder -mutter.
3. Teufel.
4. Leben oder Arbeit mit Hindernissen, unter Mühen.
5. (frz.) *reprimande*: Tadel, Vorwurf.

daß du noch mit der Docken[6] spielst, es gibt dir so einen jugendlichen Anstrich, und man verzeiht dir's eher, daß du so ein indianischer Schnabel[7] bist.

Atala. Ach, Papa, ich möchte so gerne noch eine zweite Puppe haben.

Abendwind. Woher nehmen? Die is nur per Zufall in einem benachbarten Inselreich gestohlen und an mich verkauft worden; und Niklomarkt[8] kann man auf einer unentdeckten Insel keinen prätendieren[9]. Möglich, daß einmal – *(es donnert in der Ferne).*

Atala. Ach, es donnert noch immer.

Abendwind. Das bedeut't weiter nix als ein Wetter, nix weiter als ein Wetter. In meiner Jugend haben uns die Götzenpriester g'lernt, das Donnern bedeut't, daß s' im Himmel Kegel scheiben[9a]; unsere Gelehrten aber sagen, da müßte man auch dann und wann bei »Alle Neune« das Juchezen hören, da aber das nicht der Fall ist, so ist die alte Theorie durch den Fortschritt in der Wissenschaft geschlagen. – Jetzt aber zu den brennenden Fragen der Gegenwart. Is der Ho-Gu da, mein Koch?

Ho-Gu *(vortretend und sich tief verneigend).* Untertänigst, submissest, zu devotestem Befehl.

Abendwind. Zu was dieser servile Kaschkanat[10]? Solang du keine Speis' verdalkst[11], kannst du frei und offen zu deinem Herrscher sprechen. *(Zu den Groß-Luluerern sich wendend.)* Es is nämlich heute, meine Herrn, ein in politischer sowie in astrologischer Bedeutung gleich hochwichtiger Tag. Die Sonne tritt heut' in das Sternbild des Großen Bären, und am selben Tag erhalte ich den Besuch des benachbarten Inselbeherrschers, des großen Biberhahn, Häuptlings der Papatutus. In kalten Ländern könnte dieses Zusammentreffen Schnee[12] bedeuten – in unserm Klima bedeutet es großartigen politischen Um- und Aufschwung.

6. Puppe.
7. Keckes, vorlautes Kind.
8. Nikolausmarkt in der Weihnachtszeit.
9. (lat.) beanspruchen.
9a. Österr.-bair. Ausdruck für kegeln.
10. *Serviler Kaschkanat:* unterwürfiger Mischmasch (von Speiseresten; von frz. *cochonnaille*: Schweinssülze).
11. *Verdalken:* ungeschickt behandeln, verderben.
12. Im volkstümlichen Sprachgebrauch hat *Schnee* den Sinn einer Metapher der Unbeständigkeit, z. B. *damit ist's Schnee*: damit ist's nichts.

Biberhahn, genannt »der Heftige«, hat auch a wildes Königreich wie ich da; nur mit dem Unterschied, er is schon entdeckt worden und kommt schon seit längerer Zeit mit einem Volk in Berührung – ich weiß nicht gleich, wie's heißt – 's is a Volk, was eine schnoflete[13] Sprach' red't und sich einbild't, an der Spitze der Zivilisation zu stehn – sie sind auch Erfinder der Diplomatie –

Die Wilden. Zur Genesung!

Abendwind. Danke! *(Lachend, für sich.)* Wir haben in unserer Sprache kein Wort, was auf »atzi« ausgeht, drum haben s' glaubt, ich hab' g'niest. Es sind übrigens recht manierliche, höfliche Wildlinge, meine wilden Höflinge. *(Laut.)* Mit diesem König Biberhahn also hab' ich eine Konferenz. Da gibt es Empfangsfeierlichkeiten, nachher plauschen wir a bissel, erst über dieses und jenes, nacher von allem möglichen, und eh' wir auf den eigentlichen Gegenstand kommen, sitzen wir beim Essen und denken an gar nix mehr; das heißt man Konferenz. *(Zum Koch sich wendend.)* Alsdann, Ho-Gu!

Ho-Gu. Ich möchte nur untertänigst bemerken –

Abendwind. Daß in die Speis'- und Vorratskammern wenig oder gar nix zu bemerken is.

Ho-Gu. Früchte lieben Euer Herrlichkeit nicht? –

Abendwind. Nein! Mein Obstgarten is die Fleischbank. *(Zu dem Gefolge.)* Das is euere Sach'; warum schafft ihr kein Wildbret herbei? Für was habts denn die Pfitschipfeil'[14]?

Erster Groß-Luluerer. Wir schießen fleißig, aber das Wild will sich nicht treffen lassen.

Abendwind. Fisch' sind auch keine da.

Zweiter Groß-Luluerer. Wir angeln fleißig, aber wir kriegen zu wenig.

Abendwind. Ja, ja! Ös[15] kriegts z' wenig Fisch'[16]; dem kann abgeholfen werden. Zum Glück is bei uns Südseeinsulanern die Menschenfresserei en vogue[17].

Ho-Gu. Es sind auch keine Gefangenen in Vorrat.

13. *Schnofeln:* durch die Nase sprechen.
14. Nur als Bezeichnung für Kinderspielzeug gebraucht.
15. Ihr.
16. *Fisch' kriegen:* Prügel bekommen.
17. (frz.) beliebt, modisch.

Abendwind *(zu dem Gefolge).* Wißts ihr, daß ich jetzt einen von euch abstechen lassen könnt'? Ihr seids Groß-Luluerer, g'hörts also alle mein, und es is nur zarte Schonung –

Die Wilden. Gnade!

Abendwind. Na ja, 's is schon gut. Aber bei der nächsten Nachlässigkeit spaziert gleich einer in die Kuchel[18]. *(Zu einem mageren Wilden.)* Du warst schon vorg'merkt, aber der Koch hat g'sagt, du bist nicht geeignet; das hat dich gerettet. *(Für sich.)* Ich bin zu sanft für das Volk; zu selten, daß ich einen friß. Aber heut' – mein großer Alliierter, der Biberhahn, is auch Menschenfreund, das heißt – er verspeist sie gern. – Ho-Gu!

Ho-Gu. Herrlichkeit –

Abendwind. Wenn vielleicht ein Paßloser hier herumgeht von einer fremden Insel –

Ho-Gu. Meine Küchenjungen sollen nachforschen.

Abendwind. Überhaupt, was du halt aus 'n Ausland find'st. *(Deutet pantomimisch das Abfangen.)*

Ho-Gu. Sehr wohl, nur die Einheimischen werden g'schont.

Abendwind *(leiser, nachdem er ihm gewinkt, näherzutreten).* Entre nous[19] – wir haben auch im Inland viele, die wegen ihrer Roheit ungenießbar sind, also brat't man s', man kann nix G'scheiters tun. Die Zubereitung – das verstehst du – richtet sich immer nach der Verschiedenheit des Naturells. Is einer zäh, muß er gebeizt werd'n; wennst ein' Aufgeblasenen erwischst, die sind nur zu vertragen, wenn s' in a rechte Soß kommen; und spicken, ordentlich spicken, is bei alle Naturen gut, weil es alle feiner und milder macht. Mit einem Wort: Sapienti pauca[20]!

Ho-Gu. Sehr wohl! *(Verneigt sich und geht rechts im Vordergrunde ab.)*

Abendwind *(zu dem Gefolge).* Und ihr folgt mir mit meinem weißen Glücksbären in den Tempel der Sonne, ich verlange ja weiter nichts von ihr als ein Bärenglück. *(Geht mit dem Gefolge nach rechts ab, zwei Groß-Luluerer haben den Käfig des Bären geöffnet und führen denselben Abendwind nach.)*

18. Küche.
19. (frz.) Unter uns.
20. (lat.) Dem Weisen (Fachmann) genügt die Andeutung.

ZWEITE SZENE

Atala.

Atala *(allein).* Der Papa sagt immer, ich wär' unartig, während ich doch gewiß eine wohlerzogene Wilde bin. Er hält mich auch für dumm, weil ich so gern mit der Puppe spiele. Ich hör', in dem weit entfernten gebildeten Europa tun sie das auch, nur haben dort die erwachsenen Mädchen ganz andere Puppen, mit denen sie spielen. Ich aber bin mit dieser zufrieden; ich bilde mir ein, sie ist mein Kind, und wünsche nur, daß mir der Papa recht bald ein zweites kauft. *(Schaukelt die Puppe in der Hängematte.)*

Romanze[21]

1.

Als süße Last,
Geliebtes Kind,
Trägt dich der Ast,
Schlaf ein geschwind!
Mein Kindchen schläft in süßer Stille,
Es ist gar müd',
Ich soll es wiegen, war sein Wille,
Und es geschieht.
Nun schlummert's unter Blumenhülle
In Ruh' und Fried'.
Ihm zirpt sein treuer Freund, die Grille,
Ein Schlummerlied.
In süßen Traum,
Geliebtes Kind,
Wiegt dich der Baum,
Schlaf ein geschwind!

2.

Wozu wär' mir ein Gatte nötig?
Bin lieber frei;
Man sagt: nicht gut ist's, wenn man ledig,
Mir einerlei!
Mein Kind und ich in dieser Matte
Ruhn unser zwei;

21. Episches volkstümliches Lied mit besonderem Stimmungsgehalt, hier vielleicht parodistisch gemeint.

Doch käm' dazu auch noch ein Gatte,
Reißt sie entzwei.
In süßen Traum,
Geliebtes Kind,
Wiegt dich der Baum,
Schlaf ein geschwind.

DRITTE SZENE

Atala. Dazu Arthur.

Atala *(allein, nach links in den Hintergrund sehend).* War mir's doch, als hörte ich dort Schritte.

Arthur *(tritt aus dem Hintergrunde links auf, ohne Atala zu bemerken. Er ist in eleganten Pariser Anzug gekleidet).* Ah, das war ja ein greuliches Unwetter! Auf diesem Meere, welches auf allen Landkarten als »Stiller Ozean« verzeichnet ist, untersteht sich der Sturm, so unverschämt zu wüten! Solche Lügen streuen die Geographen aus! Verdammter »Stiller Ozean«, der du einen der ersten Friseurs der Residenz verschlingen wolltest! Verwünschtes Inselnest! Zwar »Nest« kann man eigentlich nicht sagen, denn beim wiederkehrenden Sonnenschein nimmt sich das Ganze recht pittoresk, recht Jardin-des-Plantes-artig aus. Auch scheint hier ein gewaltiger Luxus zu herrschen. Hier haben sie die Klippen von Korallen, und wir Europäer wissen recht gut, wie teuer die Korallen sind. Und diese Palmen, diese Lianen! Wahre Prachtexemplare! So was kostet ein Heidengeld!

Atala *(welche ihn bereits früher von der Seite neugierig gemustert).* Ah, das ist spaßig!

Arthur *(sie bemerkend, für sich).* Eine Wilde –? Charmant!

Atala *(wie oben).* Was ist denn das?

Arthur *(für sich).* Statt: »Wer ist denn der?« sagt sie: »Was ist denn das?« Hier müssen die Männer sächlichen Geschlechtes sein. *(Sich galant ihr nähernd.)* Mein Fräulein –

Atala *(sich artig verneigend).* Mein Herr –?

Arthur *(für sich).* Scheint sehr gebildet zu sein, diese Wilde. *(Sie genauer mit der Lorgnette betrachtend.)* Interessante Insulanerin, das! Ganz karaibischer Typus, vermischt mit otahaitischer Rass', das Haar gehört aber dem malaiischen Stamme an.

A t a l a. Erlauben Sie, das Haar gehört mir.

A r t h u r. Ganz recht; warum kultivieren Sie es aber nicht besser? Das ist alles so wirre, so wild.

A t a l a. Ich bin ja eine Wilde.

A r t h u r. Bei uns verwenden oft die Wildesten[22] die meiste Sorgfalt auf die Frisur. Es scheint, daß man hierzuland gar nicht weiß, was man mit einem schönen Haarwuchs macht.

A t a l a. O ja! Man nimmt das Skalpiermesser und schneidet denselben samt der Kopfhaut herunter – so machen's unsere Krieger und tragen die Skalpe als Siegestrophäen an den Gürteln.

A r t h u r. Daß einer dem andern die Haut über die Ohren zieht, kommt auch bei uns vor, dafür haben wir ein Heer von Wucherern; ebenso wird auch bei uns kein gutes Haar am lieben Nächsten gelassen, aber auch dieses Geschäft wird bei uns nicht von den Kriegern, sondern von dem zarteren Geschlecht besorgt.

A t a l a *(erstaunt)*. Nicht möglich –!?

A r t h u r. Häufig werden auch unsere Männer durch die Frauen dahingebracht, daß sie sich eigenhändig die Haare ausreißen.

A t a l a. Merkwürdig!

A r t h u r. Noch häufiger aber gehen den Herren die Haare von selber aus.

A t a l a. Wunderbar!

A r t h u r. Da erscheint dann der Friseur, um sie eine Zeitlang mit Haarwuchspomaden in jeder Beziehung anzuschmieren und dann mit den reizendsten Perücken zu versehen. Und gar das weibliche Geschlecht, was wäre das ohne uns! Mein Fräulein, Sie haben noch keinen Begriff von dem hohen Beruf eines Friseurs.

22. *Wild:* hier: ungepflegt, häßlich.

Couplet[23] und Duett

Arthur.

Es schmückt mein Haupt kein Kronenschimmer,
Und keinen Szepter schwingt die Hand,
Doch mir beugt jeder Kopf sich immer,
Und wär' sein Herr von höchstem Stand.
Vernimm's respektvoll, schöne Wilde,
Mein Adel stammt von Samson[24] her,
Ich führe einen Kamm im Schilde,
Ich bin Friseur!

Mit Schönheit, Geist und Rang und Titel
Nimmt mancher Weiberherzen ein;
Doch ich verschmähe solche Mittel,
Sie sind zu alt und zu gemein.
Ich kann ein Herz im Flug erjagen,
Für mich ist so was gar nicht schwer,
Ich darf zur Stolzesten nur sagen:
Ich bin Friseur!

Atala.

Ach, mein Papa hat recht im Grimm,
Mit meinem Geist steht's wirklich schlimm;
Mein Herr, all das, was ich vernommen,
Ist mir wie spanisch vorgekommen.

Arthur.

Wie? Was? Mein Lied prallt ab
An edler Dummheit Schilde?
Ein Mittel ich noch hab',
Das macht mir zahm die Wilde.
Versuchen wir's rasch mit der Kunst,
Gewiß erring' ich ihre Gunst.
Als ich – noch Kind – der Heimat mußt' entschweben,
Hat für mich unbekannten Vaters Hand
Die Spieluhr hier samt Kette mitgegeben
Dem, der mich führte aus dem Vaterland.
(Er zieht eine Uhr aus der Tasche.)

23. Komisch-satirisches Lied oft zeitbezogenen Inhalts, dessen parallel gebaute Strophen stets mit dem gleichen Refrain schließen. Von Nestroy bevorzugte musikalische Einlage.
24. Alttestamentlicher Held; seine langen Haare bedeuteten Kraft.

Die Sänge meiner Kindheit gibt sie wieder –
So sagt man mir – der Heimat süße Lieder.
(Er drückt an der Uhr, welche zu spielen beginnt.)

Ensemble

Atala.

Welch Melodie,
Welch herrlicher Klang!
Der Heimat Gesang,
Voll Harmonie!

Arthur.

Ja, die Melodie,
Der uralte Sang,
Das helle Klingklang
Gewinnt mir sie!

(Arthur drückt aufs neue die Feder, läßt die Uhr spielen und tanzt nach deren Weise.)

Atala *(nach beendigter Musik).* Ja, aber so schön das alles ist, gibt es mir doch noch immer keinen Aufschluß über Sie und den Zweck Ihres Herkommens.

Arthur. Vielleicht mögen Sie dies folgender biographischer Skizze entnehmen: Mein Geburtsort sowie meine erste Wickelkindheit sind mir unbekannt. Meine Erinnerung geht wie bei allen ultragescheiten Kindern bis auf ein Alter von zwei Jahren zurück; da befand ich mich in einem Städtlein bei einem Manne, den ich lange für meinen Vater hielt und der, wenn er kein Mann gewesen wäre, für meine Amme hätte gelten können. Später, als ich acht Jahre alt war, schickte mich dieser zur Ausbildung in die Residenz. Spezielle Hinneigung zum Höheren und Feineren ließ mich Haarkünstler werden, und schon als Lehrling wie später als Gehilfe wirkte ich erfolgreich in dieser Sphäre. Da, vor mehreren Wochen, kam meine männliche Bonne[25] wieder und gab mir nebst dieser Familienuhr den mysteriösen Befehl, ich habe mich binnen drei Tagen reisefertig zu machen, Hafenstadt und Dampfschiff wurden mir nominell bezeichnet, ebenso die Inselgruppe in der Südsee, wo ich landen und alsbald nach meiner Hinkunft Auskunft über meine Herkunft erhalten sollte. Ich bin somit zur Mutmaßung berechtigt, daß mein

25. (frz.) Kindererzieherin.

geheimer Vater ein weitläufiger Farmer oder ein bedeutender Hinterwäldler oder ein verschlagener Schiffskapitän sei. Bereits in der Zone der Südseeinseln angelangt, überraschte uns heute vor Tagesanbruch ein Sturm, dessen mehrstündiges Wüten zum Resultat eines Schiffbruches führte. Dampfschiffe sollten doch wohl von so störenden Zufällen ausgenommen sein, wenigstens der »erste Platz«; aber nein – es ist zu indiskret! Kurz, der Schiffbruch ward gebrochen, und ich, als er brach, durch den Bruch so betäubt, daß ich mich nicht einmal bei der Welle bedanken konnte, die so freundlich war, mich ans Land zu werfen, während das Schiff mit Mann und Maus – eigentlich mit Männern und Mäusen, denn es waren beide Korporationen zahlreich vertreten – unterging. Das Schicksal, von welchem man sagt, daß es manchmal, wenn es gut aufgelegt ist, alles zum Besten leitet, ließ mich so lange bewußtlos in der Sonne liegen, bis ich gehörig getrocknet war, um anständig vor den hiesigen Bewohnern – respektive Bewohnerinnen – erscheinen zu können und ihnen Gelegenheit zu geben, die Pflichten der Gastfreundschaft aufs brillanteste zu üben.

Atala. Ach, das ist drollig! Sie gefallen mir.

Arthur. Ist das Ihr Ernst? – *(Für sich.)* Diese Wilde hat ein prächtiges Haar, dessen Urwüchsigkeit sich noch nie durch trügerische falsche Zopfismen[26] kompromittierte, und einen Teint von achtunggebietender Klarheit. – *(Laut.)* Mein wildes Fräulein, sollte meine Erzählung Eindruck auf Ihr Herz –? *(Innehaltend und horchend.)* Ha – was ist das –? Ist dies das Tiktak meiner Uhr oder kommt dies Tiktak aus meinem Herzen –? Ich höre und fühle offenbar zwei Tiktäke –!

Atala. Auch mir ist so, als wenn – ist es, weil ich zum erstenmal einen Friseur sehe, oder – bei mir kann es unmöglich Ihre Uhr sein, folglich verursacht mein Herz dieses Tiktak.

Arthur. Wie!? Also dürft' ich mir mit insulanischen Hoffnungen schmeicheln? Kontinent, ich schreibe dir den Scheidebrief und bleibe hier!

26. Zöpfe; vielleicht Anspielung auf das *Zopfensystem*: Zeit des absolutistischen 18. Jahrhunderts, in dem zur Männermode u. a. eine Zopfperücke gehörte.

Atala. Im Gegenteil! Gerade deshalb müssen Sie schleunigst fort. Sie kennen unser schreckliches Gesetz nicht! Wir haben viele schreckliche Gesetze, aber das ist das ärgste.

Arthur. Ich bin eben angekommen –

Atala. Jede Insulanerin – das geht mich an – die einen Fremdling liebt – das geht Sie an – muß mit ihm zugleich und allsogleich sterben – das geht uns beide an.

Arthur *(lächelnd)*. Nun ja! Meine Empfehlung an die Legislative, und es ist schon gut.

Atala. Wie? Sie sagen das so gelassen?

Arthur. Derlei Gesetze kommen zu häufig in Komödien und Romanen vor und werden – wie meistens die schrecklichen Gesetze – schrecklich lau vollstreckt.

Atala. Bei uns stirbt man im Ernst, wenn man sterben muß.

Arthur. Wäre ich ein Berliner, so würde ich sagen: »Bange machen jilt nicht!« Aber – *(erblickt die Hängematte)* halt –! Was seh' ich –!? Das sieht ja fast aus wie das, was man bei uns ein kleines Kind nennt.

Atala. Das ist mein Kind.

Arthur. Also auch diese soziale Eventualität[27] kommt nachgeäffterweise hier zum Vorschein?!

Atala. Es ist eine Puppe von Pappendeckl und lackiert, wie gewöhnlich die Puppen sind.

Arthur *(aufatmend)*. Ah, das ändert die Sache! Entschuldigen Sie, wenn mich ein wilder Verdacht zu indianischen Mutmaßungen verleitete; der Pappendeckl gibt dem Ganzen die unschuldvollste Basis. *(Beiseite.)* Man sollte nicht glauben, wie beruhigend der Pappendeckl auf das Gemüt wirkt.

Atala. Nun aber bitt' ich Sie, verbergen Sie sich, bis ich wieder Gelegenheit finde –

Arthur. Die muß sich bald finden, denn der Sturm, das Inselklima – ich habe greulichen Appetit.

Atala. Was soll ich Ihnen zur Erquickung bringen?

Arthur. Kakaobohnen wachsen wohl in dieser Zone?

Atala. O, im Überfluß!

Arthur. Dann werdet ihr auch Schokolade haben? Brin-

27. *Soziale Eventualität:* gesellschaftliches Vorkommnis.

gen Sie mir solche, *(zärtlich)* mit Nachguß! Die Quantität soll mir zum Maßstab deiner Liebe dienen.

Atala. Wir bereiten sie mit Kokosmilch –

Arthur. Gute, echte, kuhwarme Kokosmilch – charmant! Und was habt ihr zum Eintunken? Kipfeln, Stollen, Strizzeln[28]?

Atala. Wir haben geröstete Frucht vom Brotbaum, auch Bananen.

Arthur. Pfui, Bananen! Das muß schmecken, als ob man Erdäpfel in Kaffee eintunkte. Wie wär' es denn mit einem karaibischen Guglhupf[29]?

Atala *(befremdet)*. Guglhupf –?

Arthur. Ich habe in einem Strauch hier Weinberln entdeckt, welche mich meine Phantasie allsogleich, verschwistert mit Zibeben[30], im Innern eines Guglhupfs erblicken ließ.

Atala. Ich will keine rechtschaffene Wilde sein, wenn ich ein Wort verstehe. *(Ängstlich.)* Aber verbergen Sie sich, es ist die höchste Zeit!

Arthur. Aber wo?

Atala. Gleich dort – *(nach links im Vordergrunde zeigend)* der Kaktus, die Lianen, die Calcedonia odorifera semperflorens[31] mit ihren breiten Blättern decken Sie vollständig.

Arthur. Also geht das hier auch, daß man sich hinter die Blätter steckt?

Atala *(nach rechts horchend)*. Horch –! Götter, es ist mein Vater –! Schnell fort!

Arthur. Du willst's, ich füge mich, doch nur auf kurze Zeit. *(Geht links im Vordergrunde ab.)*

28. Gebäckarten aus Weißbrot (Hörnchen u. dgl.).
29. In einem Topf gebackener Kuchen aus Hefeteig, eine Art Napfkuchen.
30. *Weinberln* und *Zibeben:* Rosinen.
31. Imitation der botanischen Terminologie, es gibt keine Pflanze dieses Namens.

VIERTE SZENE

Atala. Dazu Abendwind.

A b e n d w i n d *(von rechts auftretend).* Ach, so ein Malör war noch nicht da, solang die südliche Hemisphäre existiert! Meine Haus- und Hofehre kriegt einen Stoß, die politischen Folgen sind unausbleiblich!

A t a l a. Du bist ja ganz außer dir, Papa, was ist denn geschehn?

A b e n d w i n d. Das Jagdglück hat uns den Rücken gekehrt; es muß einer ein' Frosch[32] im Sack haben, wir sind verkibitzt[33], rein verhext! Nicht ein Bissen z' kriegen, von dem man sagen könnt', daß er ein Leckerbissen is! Nix haben wir, kein Wildbret, kein' Fisch *(mehr für sich, indem er lamentierend sich unwillkürlich von Atala entfernt, so daß sie das Folgende nicht hört)* und nicht einen einzigen Gefangenen außer einem politischen; den kann ich nicht abstechen lassen, weil er so politisch war und ist echappiert[34].

A t a l a. 's ist wohl fatal, wenn man einen Gast erwartet und –

A b e n d w i n d. Wenn er ankommt, der große Biberhahn, mein hocherlauchter Gleichgestellter, mit was wart' ich ihm auf?! Der wird sagen: »Das is a sauberer König, lad't ein' ein, und man kriegt nix.« Die Gastfreundschaft der Groß-Luluerer wird zum Bonmot, und die Allianz mit die Papatutuaner geht in die Brüch'.

FÜNFTE SZENE

Arthur. Die Vorigen.

A r t h u r *(von links, wo er abgegangen, zurückkommend).* Auf dreißig Schritt Distanz kam mir der Mann nicht fürchterlich vor und jetzt schon gar nicht.

A t a l a *(erschrocken zu Arthur).* Sie wagen es –!? Da ist mein Papa –

32. Ein Frosch, den man dem Jäger in die Tasche praktiziert, beirrt die Treffsicherheit.
33. Verkibitzt: Der Kibitz (Zuschauer beim Kartenspiel) bringt schlechte Karten.
34. *Echappieren* (frz.): flüchten.

Arthur. Ganz recht, Ihr Papa, für den ich den Schwiegerpapa-Titel in petto habe.

Abendwind *(ohne Arthur zu bemerken, für sich).* Mit Kokosnuß, Pisang, Tunkabohnen und Arekafisolen[35] kann ich meinen Alliierten nicht traktieren[36], das essen bei uns die armen Leut', und selber braten lassen kann ich mich auch nicht.

Arthur *(zu Atala).* Ich rede ihn an!

Atala. Jetzt ist alles aus!

Arthur. Das werden wir erst sehen.

Terzett

Atala *(zu Arthur).*
O Gott, nun rettet Sie nichts mehr.

Abendwind *(sich umdrehend und Arthur bemerkend).*
Was gibt's? Wo kommt der Fremdling her?

Arthur *(mit Komplimenten).*
Geehrter Herr, ich hab' die Ehr'.

Abendwind.
Ich heiße, Jüngling, dich willkommen
Und grüße dich!

Arthur.
Daß Sie mich gastlich aufgenommen,
Beglücket mich!

Abendwind *(Arthur mit heimlichem Behagen musternd, für sich).*
Den brauch' ich nicht erst lang zu mästen,
Der wird gleich g'speist!

Arthur *(für sich).*
Ein nobler Wilder, der den Gästen
Viel Art erweist.

Ensemble

Atala *(für sich).*
O welch Glück! Papa scheint zufrieden,
Er zürnet nicht, er lächelt bloß;

35. *Pisang* (malaiisch-niederländ.): Bananenart. *Tunkabohnen:* a. *Tonkabohne:* aromatischer Same einer südamerikanischen Baumart, b. *Tunka:* mundartlich für *Tunkgau* (fruchtbare Donauebene); *Arekafisolen: Areka:* Palmenart; *Fisolen* (ital.): österr. für Schnittbohnen. – Nestroy mischt hier Exotisches mit Wienerischem.
36. Hier: bewirten.

Es scheint, daß Arthur mir beschieden
Zum Gatten, ach, mein Glück ist groß.

A b e n d w i n d *(für sich).*
's is a Glück, jetzt bin ich zufrieden,
Zum Mittagmahl is der famos,
Mein Koch wird ihn teilweis' absieden,
Teils braten, teils in einer Soß.

A r t h u r.
O welch Glück, ich bin zufrieden,
Diese Artigkeit ist famos,
Ein Mittagmahl ist mir beschieden,
Mein Appetit ist riesig groß.

(Zugleich)

(Für sich.)
Den werd' ich ganz für mich gewinnen.

A b e n d w i n d *(für sich).*
Der kommt zur Tafel sicherlich.
(Laut.)
Kann ich in etwas Ihnen dienen?

A r t h u r *(sehr erfreut).*
O, speisen Sie mich gastfreundlich!

A b e n d w i n d *(sehr freundlich).*
O, mit Vergnügen, das war mein Plan.

A r t h u r *(sehr artig).*
O, Sie charmanter, lieber Mann!

A t a l a *(heimlich zu Arthur).*
Erbitten Sie mich doch zur Ehe.

A r t h u r *(heimlich zu Atala).*
Es scheint, er wünscht, daß dies geschehe.

A b e n d w i n d *(mit lüsternem Behagen für sich).*
Im Geist schon auf der Tafel sehe
Ich ihn, in Stücken groß und klein.

A t a l a *(leise zu Arthur).*
Verlangen Sie mich doch zur Ehe.

A r t h u r *(leise zu Atala).*
Gleich nach Tisch um Ihre Hand ich flehe.

A b e n d w i n d *(für sich).*
Er scheint nicht zach und auch nicht zähe,
Das wird ein Schmaus ganz superfein!
(Untersucht Arthurs Waden.)

(Pause.)

Arthur.
Jetzt zwickt er mich, o Sitte ohnegleichen!
Gewiß ein Freundschaftszeichen!

Abendwind *(für sich).*
Daß ich den erwisch',
Das is ein Glück; den Leckerbissen
Wird Biberhahn zu schätzen wissen
An meinem Tisch.

Arthur.
Ich hoffe, baldigst speist man doch?

Abendwind.
Gedulden Sie ein wenig noch!

Arthur.
Wie liefre ich jemals Beweise,
Daß wert solcher Gnade ich sei,
Sie geben so gütig mir Speise –

Abendwind *(für sich).*
Du selbst gibst mir zwei oder drei!

Ensemble da capo

(Nach dem Terzett.)

Abendwind *(nach rechts im Vordergrunde in die Sonne sehend).* Ah, dort steht er ja, der Mann quaestionis[37]!

Arthur. Wer?

Abendwind. Mein Koch.

Arthur. Wollen Sie ihn gefälligst rufen?

Abendwind *(freundlich und zuvorkommend).* Ach freilich. *(Ruft.)* Ho-Gu!

Arthur. Ho-Gu, schon der Name spricht für seine Künstlerschaft.

Abendwind. O, er wird sich bei Ihnen auszeichnen.

Arthur. Zu gütig! *(Für sich.)* Hier bin ich versorgt und aufgehoben.

37. (lat.) der gefragte, gesuchte Mann.

SECHSTE SZENE

Ho-Gu. Die Vorigen.

(Ho-Gu tritt von rechts auf, Abendwind geht ihm entgegen und spricht, bedeutungsvoll auf Arthur zeigend, leise mit ihm.)

Atala *(noch immer über ihres Vaters Freundlichkeit staunend).* Sonderbar!

Arthur. Nun, Atala, siehst du? Wer hatte recht?

Atala. Das hätt' ich nie gedacht.

Abendwind *(leise zu Ho-Gu).* Kopf mit Frikassee, Brust g'füllt.

Ho-Gu *(leise zu Abendwind).* Die Koteletts mit Seetrüffeln.

Abendwind *(wie oben).* Und hauptsächlich Beefsteaks! – *(Entzückt.)* Schau dir 'n an, den Jüngling, ob der nicht prächtige Beefsteaks verspricht!

Ho-Gu *(wie oben).* Ganz gewiß.

Abendwind *(wie oben).* A bisserl ein' Bananenschmarrn dazu und südpolische Umurken[38]. Wenn wir nur auch das Geheimnis wüßten, wie man in jenen Ländern den Sardellenbutter macht.

Ho-Gu *(wie oben).* Wir haben wohl auch Sardellen –

Abendwind *(wie oben).* Aber bei uns geben s' keine Milich, wie also von die Viecher ein' Butter kriegen!?

Arthur *(sich Abendwind nähernd).* Haben Sie schon angeschafft[39] wegen mir?

Abendwind *(zu Arthur).* Alles bis ins Detail.

Arthur. Wenn man so grimmigen Appetit hat.

Abendwind. O, das is ein Genuß!

Arthur. Sie sollten aber auch dabei sein.

Abendwind. Na ob ich dabei bin! Aber Sie müssen voraus –

Arthur. Gut, also auf baldiges Wiedersehn.

Abendwind. Sehr bald hab' ich das Pläsier! – *(Halblaut, beiseite.)* Aber in anderer, kurios verschiedener Gestalt.

Arthur. Wie meinen Sie?

38. Gurken.
39. *Anschaffen:* Speisen bestellen.

A b e n d w i n d. Ich meine – eigentlich mein' ich gar nix. *(Leise zu Ho-Gu.)* Ho-Gu! 's Junge[40] kommt in a Soß.

H o - G u. Sehr wohl.

A b e n d w i n d *(zu Arthur)*. Sie müssen mir's nicht übelnehmen, ich bin etwas Gourmand[41].

A r t h u r. Recht haben Sie; wer's hat, kann's tun.

A b e n d w i n d. Freut mich, daß Sie mit mir einverstanden sind. Belieben also mit diesem Herrn *(auf Ho-Gu zeigend)* zu spazieren.

A r t h u r. Es gereicht mir zum besonderen Vergnügen.

H o - G u. Mir auch. *(Geht mit Arthur ab.)*

A b e n d w i n d *(ihnen nachsehend, mit Beziehung auf Arthur, für sich)*. Auf sein Gollasch g'freu' ich mich. *(Den Koch zurückrufend.)* Ho-Gu!

H o - G u. Befehlen –?

A b e n d w i n d. Weh dir, wenn das Geringste anbrennt oder verdalkt wird.

A r t h u r *(zu Abendwind)*. Sie sind zu gütig! *(Im Abgehen.)* Solches Übermaß von Gastfreundschaft hab' ich wirklich nicht erwartet. *(Geht unter gegenseitigen Komplimenten mit Ho-Gu rechts im Vordergrunde ab.)*

SIEBENTE SZENE

Abendwind. Atala. Dazu Biberhahn. Mehrere Papatutuaner.

Ensemble

B i b e r h a h n. Heil euch, ihr Groß-Lulu!
Denn eure edle Kraft
Und eure Gastfreundschaft,
Auf Erden sondergleichen,
Sie sind ein Friedenszeichen
Für die Papatutu!

A b e n d w i n d.
Heil euch, Papatutu!
Ihr, deren edle Kraft
Beim Festmahl nie erschlafft,
Auch G'sundheit ohnegleichen
Trinkt ihr als Friedenszeichen
Für uns, die Groß-Lulu!

40. Das sog. Klein von Gänsen, Hasen usw. (»Gänseklein«).
41. (frz.) Feinschmecker, Schlemmer.

Atala. Heil euch, Papatutu!
Denn eure edle Kraft
Und eure Gastfreundschaft,
Auf Erden sondergleichen,
Sie sind ein Friedenszeichen
Für uns, die Groß-Lulu!

(Nach dem Gesange.)

Abendwind. Mich g'freut's, daß Sie mir die Ehr' geben.

Biberhahn. Bitte, die Ehre is meinerseits.

Abendwind. Und wie geht's Ihnen denn immer?

Biberhahn. Dank' für die Nachfrag', und Ihnen?

Abendwind. Na, es muß schon gleich gut sein, bis es wieder besser wird.

Biberhahn *(mit stolzem Selbstgefühl, beiseite).* Jetzt sollten uns die Zivilisierten hören.

Abendwind *(beiseite).* Gibt es einen gebildeteren Diskurs!? Ah, wir Wilde haben schon auch unsere Kultur.

Biberhahn *(beiseite und mit einem unheimlichen Seitenblick auf Abendwind).* Diese gentile[42] Freundlichkeit von mir, während der furchtbarste Verdacht gegen ihn mein Inneres durchwühlt.

Abendwind *(beiseite und mit einem unheimlichen Seitenblick auf Biberhahn).* Ich führe Honig auf den Lippen, während ich den grimmigsten Argwohn in meinem Busen nähre.

Biberhahn *(laut).* Wir sehen uns zum erstenmal als Witiber wieder.

Abendwind. Richtig, 's letztemal, da haben wir noch jeder a Frau g'habt. *(Den Seitenblick wiederholend.)* Ein Unbekannter hat mir sie geraubt.

Biberhahn *(dumpf beiseite und auf sich zeigend).* Ich kenne den Unbekannten – *(mit schlauem Seitenblick auf Abendwind)* er aber ahnet nichts. *(Laut.)* Auch meine ward heimlicherweise entführt.

Abendwind *(beiseite).* Durch meine Leute – *(mit schlauem Seitenblick auf Biberhahn)* doch er hat keinen Dunst davon.

Biberhahn. In andern Ländern werden auch öfters Frauen entführt.

Abendwind. O ja, das schon, aber –

42. *Gentil* (frz.): fein, nett.

Biberhahn *(mit heimlichem Ingrimm gegen Abendwind).* Hier in die Menschenfressergegenden werden sie gleich – *(drückt pantomimisch das Speisen aus).*

Abendwind. Wenn sie nur entführt werden, die Weiber, so kommen s' nach einer Zeit wieder z'ruck und bitten und beschwören und weinen, und »sie sehn's jetzt erst ein« – und auf einmal hat man s' wieder! Wenn aber eine einmal gefressen is, da ist keine Hoffnung mehr.

Biberhahn *(mit Selbstüberwindung).* Lassen wir das! Diese Beziehungen sind zu delikat –

Abendwind *(für sich, indem er sich mit Behaglichkeit auf den Magen klopft).* Ach ja! Delikat war seine Selige.

Biberhahn *(für sich, indem er sich in behaglicher Erinnerung auf den Magen klopft).* Ich habe noch nichts Köstlicheres gespeist als die Abendwindin.

Abendwind *(laut zu Biberhahn).* Wir werden sentimental, und eigentlich wollten wir Regierungsgeschäfte –

Biberhahn. Ganz recht, es betrifft die fremden Schiffe, auf denen ferne Völker, die sich »die Zivilisierten« nennen, daherschwimmen in mein Inselreich.

Abendwind. Ich muß auch tagtäglich erwarten, daß meine paar Inseln entdeckt werden, nacher kommen s' mir auch übern Hals mit ihrer Kultur.

Biberhahn. Mit ihrem Fortschritt, wie sie das Zeugs heißen.

Abendwind. Ich hör', sie gehn völlig hausieren damit. Na, a bisserl ein' Fortschritt, da halt' ich mich nicht auf dagegen, aber wie s' mir z' dick kommen mit der Zivilisation, schmeiß' ich s' alle ins Miir.

Biberhahn. Vor Jahren, wie die ersten gekommen sind, hab' ich anders gedacht; jetzt aber hab' ich einen Haß, einen Pick auf alles Gebildete, ich batze[43] ihn aus, den Fortschritt! – Kultur, Fortschritt, Zivilisation, alles batz' ich aus.

Abendwind. Ihre Sprach' soll nicht übel sein, und gelehrt und g'scheit.

Biberhahn. Aber für uns nicht national.

Abendwind. Nur fatal, daß sie auswärts kein Wort verstehn von uns.

43. *Ausbatzen:* ausbeizen, ausbrennen, fortjagen.

Biberhahn. Wenn einen kein Mensch versteht, das ist national.

Abendwind. Im Ausland können wir mit unserer Sprach' nicht einmal betteln gehn, denn wenn wir auf Insulanisch zu einem sagen: »Bitt' gar schön um a bisserl was« – so glaubt der vielleicht, man hat ihn ein' Esel g'heißen oder sonst eine Grobheit g'sagt.

Biberhahn. Alles eins! Ich leid' nix Fremdes mehr. Ich spekulier' auf eine Bartholomäusnacht; eh' ich das nicht durchsetz', schmeckt mir der beste Missetäter nicht mehr.

Abendwind. Wann nur nacher a Ruh' is!

Biberhahn. O, nur erst den Fortschritt ausgebatzt, dann –!

Abendwind. Mein Gott, man will ja eh nix, als daß man seine paar Bananen und sein Stückel G'fangenen in Ruh' verzehren kann.

Biberhahn. Freilich, wir sind ja gemütliche Leut'.

Abendwind. Recht rare primitive Kerle!

Beide *(zugleich, aber jeder beiseite).* Nur dann und wann fressen wir einer dem anderen die Gattin weg.

Biberhahn *(zu Abendwind).* Doch jetzt nichts mehr von Geschäften! Führen Sie mir Ihre Tochter auf.

Abendwind. Das kann sie gleich selber tun. *(Zu Atala.)* Geh, Töchterl, führ' dich auf, aber gut!

Atala *(vortretend und Biberhahn begrüßend).* Ich hab' die Ehre – *(Die Wilden präsentieren mit ihren Keulen und Speeren.)*

Biberhahn. Ah, freut mich! Und der werte Name?

Atala. Atala.

Abendwind. Ja, das is mein Atalalerl.

Biberhahn. Die is eigentlich der Punkt, der ganz privat ausschaut, aber von unendlich politischer Tragweite is, in betreff unserer etwas gelockerten Allianz. *(Gibt seinem Gefolge einen Wink, worauf sich selbes entfernt.)*

Abendwind. Sie soll der Gegenstand unseres Tischgespräches sein.

Biberhahn. O, da muß ich deprezieren[44], ich muß nach Haus in mein Inselreich, sie warten mit 'n Essen auf mich.

Abendwind. Wer wart't? Auf einen Witiber wart't niemand.

44. (lat.) Abbitte leisten.

Biberhahn. Jawohl!

Abendwind. Ich bin ja selber einer! *(Seufzend.)* O, wie sie mir abgeht!

Biberhahn. Es ist ein Hundeleben als Garçon[45]. *(Beiseite, mit einem giftigen Blick auf Abendwind.)* Ich möcht' parieren, er hat die meinige – mein Trost is, daß ich die seinige –

Abendwind *(mit einem verstohlenen Blick der Schadenfreude auf Biberhahn, für sich).* Wenn er wüßte, daß ich – aber ich glaub' immer, er hat auch –

Beide *(zugleich, aber jeder für sich, indem einer den anderen triumphierend belächelt).* Was ein Indianer nicht weiß, das macht ihm nicht heiß.

Abendwind *(laut zu Biberhahn).* Nein, ich tu's nicht anders, Sie müssen bei mir speisen.

Biberhahn. Aber das bitt' ich mir aus, daß Sie sich keine Unkösten machen wegen mir.

Abendwind. Durchaus nicht.

Biberhahn. Denn ich hab' ja meine abonnierte Kost.

Abendwind. Bei mir wird zu Haus kocht. Ich bin nicht fürs Abonnieren, denn es wird alles kalt, wenn man's holen laßt.

Biberhahn *(einwilligend).* Na also – *(Auf einen Wink Abendwinds wurden schon etwas früher die Speisen in umfangreichen, muschelförmigen Schüsseln aufgetragen.)*

Abendwind. Bitte nur gleich Platz zu nehmen.

Biberhahn. Damit ich Ihnen den Schlaf nicht austrag'[46]. *(Setzt sich zu Tisch.)* Appetit is da; ich hab' müssen unterwegs auf jeder Insel eine Red' anhören –

Abendwind. Da vergeht ei'm aber der Appetit.

Biberhahn. Und selbst auch wieder a Red' halten –

Abendwind. Da kriegt man ihn wieder. Das Redenhalten is eine alte indianische G'wohnheit, und ich hör', die Zivilisierten machen's uns nach.

Biberhahn. Ich hasse alle Redner außer die unsrigen, denn die reden national.

Abendwind. Mir sein die Redner g'spaßig. Erstens glaubt man nicht, daß einer fertig wird mit der Red' –

Biberhahn. Das is langweilig.

45. (frz.) Junggeselle.
46. *Schlaf austragen:* Redensart, wenn jemand sich nicht setzen will.

Abendwind. Und wann er fertig is, nacher glaubt er, jetzt hat er was g'sagt, das is der G'spaß. *(Mittlerweile wurden noch ein paar Schüsseln aufgetragen.)* Also ang'richt't is, greifen wir zu! *(Setzt sich Biberhahn gegenüber.)*

(Atala steht zur Seite links in einiger Entfernung.)

Ensemble

Biberhahn. Kolossal
Is das Mahl,
Man vergnügt sich sehr
Hier bei Tisch, auf Ehr'!

Abendwind.
Sehr frugal
Is das Mahl,
Doch mich freut es sehr,
Daß S' mir geben die Ehr'!

Atala.
Sehr fatal
Ist das Mahl,
Mich verdrießt es sehr,
Mir wird 's Herz so schwer!

(zugleich)

(Beiseite.)
Indes sie sich berauschen,
Seh' ich, was mein Arthur macht,
Will liebend ihn belauschen,
Schnell fort von hier, fein sacht!
O Unruh' im Herzen,
Ihr seligen Schmerzen,
Wer kann widerstehn?
Ich muß ihn ja sehn.

(Ensemble wie oben, dann Atala nach rechts ab.)

ACHTE SZENE

Die Vorigen ohne Atala.

Abendwind.
Zwar beim Essen wird ei'm d' Zeit nie lang,
Aber trotzdem bitt' ich, während sich die Speisen setzen,
Stimmen S' an den Papatutu-Kriegsgesang.

B i b e r h a h n.
Wohlan, ich spreiz' mich nicht, mögt Ihr Euch dran ergötzen!

Couplet

B i b e r h a h n.

1.

Guter Gatte sein,
Stets galant und fein,
Ohne Eifersucht,
Essen Fleisch und Frucht,
Lieben Fried' und Ruh'
Die Papatutu;
Doch nach altem Brauch
Fressen s' d' Feinde auch;
Das heißt leben frei,
So das Kriegsgeschrei
Der Papatutu!

2.

Meistens gar nichts tun,
Gleich drauf lange ruhn,
Nach der Ruh' zum Fraß,
Nach dem Fraß ans Faß!
Nach dem Trinken ruhn,
Wieder gar nichts tun,
Und wenn das getan,
Fangt von vorn man an;
Das heißt leben frei,
So das Kriegsgeschrei
Der Papatutu!

(Nach beendigter Musik.)

A b e n d w i n d. Das is ein charmanter Kriegsgesang.

B i b e r h a h n. Nicht zu leugnen; aber alles, was man zu oft hört, wird ei'm am End' z'wider. Drum haben diesen Kriegsgesang alle meine Untertanen einstudieren müssen; die singen ihn jetzt von früh bis auf d' Nacht, das is über ein Werkel[47], und ich hoff', daß wir auf diese Art die Europäer vertreib'n.

47. Leierkasten.

NEUNTE SZENE

Atala. Die Vorigen.

Atala *(von rechts zurückkehrend).* Das ist sonderbar – er ist verschwunden – er kann nur in die Wälder gegangen sein. Man hat, wie es scheint, meine Abwesenheit nicht bemerkt. *(Nähert sich wieder den Speisenden.)*

Abendwind *(zu Biberhahn).* Aber ich bitt', Sie lassen ja alles kalt werden.

Biberhahn. Da haben Sie recht. Ich hab' neulich einen prächtigen kalten Verbrecher g'habt – hat mir nicht gut getan im Magen.

Abendwind. Mit Essig und Öl sein s' nicht schlecht, und wann s' tüchtig zwiefelt[48] werd'n –

Biberhahn. Ich iß alles heiß, das is der Heißhunger. *(Ißt gierig.)*

Atala *(für sich).* Ich werd' mich ins Gespräch mischen.

Abendwind *(zu Biberhahn).* Gach[49] abbraten is 's g'sündeste, und nur nix Aufg'warmts – *(Atala bemerkend.)* Aber, Atala, das g'hört sich nicht, daß man den Leuten beim Essen so ins Maul schaut! Ein Mäderl muß artig sein, sonst is es ja ein unartiges Mäderl.

Biberhahn. Lassen Sie s' gehn, sie is ja auch lieb zum Fressen.

Abendwind. Ganz das Ebenbild ihrer Mutter.

Biberhahn. Jawohl, ich habe die Ehre gehabt – *(dumpf beiseite)* sie zu fressen. *(Ißt noch gieriger.)*

Abendwind *(ihn von der Seite betrachtend, für sich).* Wie er hineinbampft[50] in sich, als ob er sich betäuben wollte. – *(Laut.)* Aber was is denn das? Da liegt was in der Soß –! *(Zieht einen Frisierkamm aus der Schüssel.)* Das is ja ein Kampl –!

Biberhahn. Richtig – *(ihn mit Wohlgefallen betrachtend)* ein ganz schöner elfenbeinerner Kamm.

Abendwind. Ja, ja – aber in einer Speis' is das doch nicht nötig. Das is eine Nachlässigkeit beim Anrichten; es schaut halt niemand nach in der Kuchel, wie es bei ein' Witiber schon geht.

48. *Zwiefeln:* Wortspiel: *mit Zwiebeln zubereiten* in der wirklichen und *tüchtig hernehmen, quälen* in der übertragenen Bedeutung.
49. Schnell, jäh.
50. *Hineinbampfen:* in sich hineinstopfen.

B i b e r h a h n. Sie haben früher gesagt: »Nur nichts Auf-g'warmts!« – Warum warmen Sie diese Erinnerung immer auf? *(Ißt noch gieriger als zuvor.)*

A b e n d w i n d. Weil – weil – ich weiß eigentlich selber nicht –

A t a l a *(welche Biberhahn mit Erstaunen zusah).* Ach, sehen Sie, Papa –

A b e n d w i n d *(beiseite, indem er ebenfalls Biberhahns Gierigkeit bewundert).* Wenn er die Meinige sowie ich die Seinige – dann soll ihm der Bissen im Hals stecken bleiben.

B i b e r h a h n *(macht Bewegungen wie jemand, der ein zu großes Stück hinunterwürgt).*

A t a l a. Papa – er würgt so gewaltsam hinunter!

A b e n d w i n d *(ruhig).* Es druckt ihn was – *(beiseite)* sollte das etwa das Gewissen sein –?

A t a l a *(ängstlich).* Er erstickt ja fast –!

A b e n d w i n d *(ruhig).* Er steht in der Götter Hand.

A t a l a. Uns Kinder hat man in solchen Fällen immer auf den Rücken geklopft.

A b e n d w i n d. Das wäre gegen die Etikette, einen Beherrscher kann man nicht auf den Buckl klopfen.

A t a l a *(ängstlicher).* Wo ist denn unser Hofdoktor?

A b e n d w i n d. Der könnt' ihm allerdings einen Besenstiel verschreiben, um das Ganze abizustoßen.

B i b e r h a h n *(aufatmend).* Es ist schon vorbei. *(Sich schnell erholend.)* Aber was es nur war? Es muß eine Art Gegenstand gewesen sein. Es war etwas ungeheuer Hartes und Rundes.

A b e n d w i n d. Sie können von Glück reden, daß es nix Viereckigs war. Übrigens, mit einer guten Verdauung kann man viel –

B i b e r h a h n. Es ist mir auch etwas in den Zähnen steckengeblieben. *(Wendet sich ein wenig ab und zieht mittels eines Zahnstochers eine Uhrkette aus dem Munde.)*

A b e n d w i n d *(staunend).* Nein, was mein Koch heut' alles dazugenommen hat –!

B i b e r h a h n. Vermutlich als Gegensatz, daß das andere um so saftiger erscheint.

A b e n d w i n d. Möglich; aber a Kampl, a Ketten, das sind keine Ingredienzen, das sind schon mehr Objekte, selbständige Substanzen.

Biberhahn. Mir is schon wieder ganz wohl.

Abendwind. Gratulier' Ihnen zu dem Magen.

Biberhahn. Und somit wird der große Häuptling Biberhahn dem detto[51] großen wie auch sanften Abendwind ungesäumt eine Eröffnung machen.

Atala. Da bin ich neugierig. *(Tritt etwas näher.)*

Biberhahn *(zu Abendwind)*. Ihre Tochter is reizend –

Atala. Jetzt hab' ich geglaubt, ich werde etwas Neues hören. *(Tritt, in ihrer Erwartung getäuscht, etwas mehr zur Seite links.)*

Abendwind. Ich schmeichle mir, nichts vernachlässigt zu haben.

Biberhahn. Und da wir beide so glücklich in unserer Ehe waren – *(Beide blicken sich an und weinen.)*

Biberhahn *(in seiner Rede fortfahrend)*. So wünschte ich, meinen Sohn, dessen Ankunft ich stündlich erwarte, ebenso glücklich zu sehen –

Abendwind *(zu Atala)*. Tochter, werd' rot, 's is von ein' Mann die Red'.

Atala. Ist das etwas Neues?

Abendwind. Wär' mir nicht lieb, wenn dir das nix Neu's wär'! *(Für sich.)* Die red't oft ein' Stiefel zusamm' in ihrer Unschuld, gar so ein' unschuldigen Stiefel.

Biberhahn *(zu Abendwind)*. Mit einem Wort, ich ersuche Ihnen für ihn um die Hand Ihrer Tochter, während ich unter der Hand die ganze Tochter versteh'.

Abendwind *(leise zu Atala)*. Tochter, vom Heiraten is die Red', jetzt sollst schon wieder rot werden, und bist es noch nicht 's erste Mal.

Atala *(zu Abendwind)*. Ich werde gelegentlich –

Abendwind *(zu Biberhahn)*. Ich antworte auf Ihren geschätzten Antrag mit einem frischvonderleberwegigen unspomponadischen[52] »Ja«. Melden Sie Ihrem Herrn Sohn unbekannterweis' meine Empfehlung und meine Gratulation, ich sage kühn »Gratulation«, denn mit der *(auf Atala zeigend)* muß jeder glücklich werd'n, ob's Ihr Sohn is oder ein anderer.

Atala *(für sich)*. Ein anderer –? Mein Arthur wäre so ein

51. Österr. für *dito* (lat.-ital.): »besagt«.
52. *Sponponaden* von ital. *spampanare* (aufschneiden): Großtuereien, Aufschneiderei.

anderer –! *(Laut.)* Papa, Papa! Ich glaube, jetzt werd' ich rot.

Abendwind *(für sich).* 's Madl folgt, wann ich ihr was schaff', aber immer erst, wann's ihr g'legen is.

Biberhahn *(zu Abendwind).* Jetzt werden Sie gütigst erlauben, daß ich mein eigenes Fleisch und Blut a bisserl übern grünen Klee zum Lobhudeln anfang' und die Vorzüge und Eigenschaften meines Sohnes –

Abendwind *(zu Atala).* Atala, verlaß uns, geh hinaus aus dieser freien Gegend; deine Mutter is auch immer hinausgegangen, wenn von meine Eigenschaften die Red' war.

Atala. Ich geh' schon, Papa! – *(Für sich.)* Wenn ich nur wüßte, was aus Arthur geworden ist. *(Geht nach rechts ab.)*

ZEHNTE SZENE

Abendwind. Biberhahn.

Biberhahn. Vor allem muß ich Ihnen sagen, daß mein Sohn Arthur heißt und daß seine Geburt mich um so mehr erfreute, als ich bei der Pechschwärze meiner Haare gar nicht hoffen konnte, je ein so lieblich lichtblondgeschneckeltes[53] Söhnlein zu bekommen. Ein europäischer Schiffskapitän, der zu der Zeit gerad' einige Zeit auf meiner Insel war, gab mir den Rat, das Söhnlein in Europa erziehen zu lassen; bald darauf reiste er ab. Als das Söhnlein ein Jahr alt war, schickte ich es mit einem Mechanikus, der vom Schiff dieses Kapitäns zurückgeblieben war, fort in die Zivilisation hinaus. Dieser Mechanikus hat mir nebst andern ausgezeichneten Sachen auch eine Spieluhr angefertigt, und diese hab' ich ihm für meinen Sohn mitgegeben, damit ich ihn, weil er mir schon einmal nicht so gleichsieht, als er mir von Rechts wegen gleichsehen sollte, an dieser Spieluhr erkenne, wenn er als blonder Jüngling zurück in meine Arme kehrt.

Abendwind *(stutzend).* Blonder Jüngling –!? *(Für sich.)* Merkwürdig! Grad' wie der junge Fremde –! *(Laut.)* Und wird er national gekleidet sein, wenn er hier ankommt?

Biberhahn. Nein, sondern stockeuropäisch in Frack –

53. *Geschneckelt:* gelockt, lockig.

Abendwind *(erschreckend).* Frack –!? *(Beiseite.)* So heißt man wahrscheinlich das Kulturg'wand.

Biberhahn. Pantalon –

Abendwind *(mit steigendem Entsetzen).* Pantalon –!?

Biberhahn. Stiefeln.

Abendwind *(wie oben).* Stiefeln –!? *(Beiseite.)* Ich fall' in eine indianische Fras[54]!

Biberhahn. Ich weiß das genau, weil mir sein Begleiter seine Photographie g'schickt hat. Da schaun Sie s' an. *(Zieht eine photographische Visitkarte hervor und gibt sie Abendwind.)*

Duett

Abendwind *(bei Anblick der Photographie ganz vernichtet).*
Uije! Uije! Uije!
Das prackt mich völlig nieder.

Biberhahn *(Abendwinds Ekstase für Übermaß von Wohlgefallen haltend).*
's G'sicht fesch und schlank die Glieder!

Abendwind *(sich mühsam etwas fassend).*
Also wirklich? Das is Ihr Herr Sohn?

Biberhahn.
Der Erbe von mein' Inselthron.

Abendwind.
Uije! Uije! Uije!
(Sich mit beiden Händen den Kopf haltend.)
Es wirbelt mir der Südseeplutzer[55] –

Biberhahn.
Was schaun Sie denn gar so verzwickt?

Abendwind *(für sich).*
Sein Sohn war jener Stutzer,
Von dem 'r a paar Pfund hat g'schlickt.

Biberhahn.
Auf dem Weg, kaum zu bemessen,
Drohn ihm nicht nur Stürme bloß,
's kann ihn auch ein Haifisch fressen,
Denn sein Rachen is gar groß.

54. *In die Fras fallen:* Krämpfe bekommen; sich heftig erschrecken (mhd. *vreise*: Schrecken, Angst u. dgl.).
55. *Plutzer:* Kürbis.

A b e n d w i n d *(für sich).*
So nach mein' Privatermessen
Wird er rächen sich heillos,
Weil sein' Thronerb'n er hat g'fressen
Hier in einer sauern Soß.
B i b e r h a h n.
Doch bin ich nicht allein von Ängsten
Um meinen Sohn Arthur erfüllt,
Mir is noch banger, fast am bängsten
Um meine Uhr, die Stückeln spielt.
Begleit'rin war sie ihm auf Reisen,
Sie ruft ihm jede Stunde zu
Die süßen nationalen Weisen,
Das Kriegslied der Papatutu.
Schad' wär', so wie um meinen Sohn,
Von dieser Uhr um jeden Ton;
Drum, Schicksal, wenn du nicht bist z'wider,
Gib mir den Sohn und d' Spieluhr wieder!

Ensemble da capo

A b e n d w i n d *(beiseite).*
Was sag' ich ihm? Wie rett' ich mich?
B i b e r h a h n *(sich den Bauch frottierend).*
Mich druckt's im Magen fürchterlich.
A b e n d w i n d *(für sich, resignierend einen Entschluß fassend).*
Ich werd' ihn schön stad[56] vorbereiten.
(Laut zu Biberhahn.)
Wir sind Herrscher zwar mit Szepter und Kron',
Doch 's Schicksal hat zu g'wissen Zeiten
Auf unserein' grad' sein' Passion.
B i b e r h a h n *(etwas unruhig werdend).*
Mir bleibt er schon z' lang aus, mein Sohn.
A b e n d w i n d.
Das machet eigentlich noch nix,
Kommt er jetzt nicht, kommt vielleicht er später;
Doch am Horizont unsres Glücks
Da machen oft die Götter a Wetter.
B i b e r h a h n *(mit wachsender Ungeduld).*
Mir bleibt er schon z' lang aus, mein Sohn!

56. Still, leise, behutsam.

Abendwind.
Ungeduld steht nicht gut an,
Moderier'n[57] Sie sich ein wenig!
Sich beherrschen dann und wann
Muß ein braver, g'scheiter König.

Biberhahn.
Arthur, mein Sohn, o komm zu mir!

Abendwind *(dumpf und bedeutungsvoll).*
Ich glaub', er is schon hier.

Biberhahn.
Warum nicht gar! Wo wäre er?

Abendwind.
Auf Ehr',
Ganz nah' bei Ihnen, fürcht' ich schier.

Biberhahn.
Wie heißt »ganz nah' bei mir«?

Abendwind.
Viel näher wohl, als es Ihr Wille!

Biberhahn *(horchend).*
Halt – halt! Ich hör' da was in mir –
Horch! Horch! Ich bitt' Sie, sein S' stille!
(Beide lauschen, man hört plötzlich die Spieluhr sechs Uhr schlagen, Biberhahn hält die Hand erschrocken auf seinen Magen.)

Abendwind. Sechse, soviel muß's jetzt sein.

Biberhahn. Hab'n S' g'hört? Es schlagt die akkurate Stund' in mir – bei Ihnen hab' ich g'speist, und das Harte, was mir vorhin in Schlund – 's is klar, ich habe eine Repetieruhr g'schlickt!

Abendwind. So was kommt doch selten unter a Speis.

Biberhahn. Die Uhr muß dem g'hört haben, an dem wir uns hier auf gut karaibisch delektiert – halt – *(sich den Magen reibend)* da rodelt's[58] jetzt – *(die Uhr fängt an, in ihm das Schlachtlied der Papatutus zu spielen.)* Million Element –! *(Nach dem Liede der Spieluhr.)* Das ist unser südpolischer Nationalgesang. Den spielt nur eine Uhr auf dieser Welt, und diese Uhr hat nur einer bei sich, und der is mein Sohn – und folglich, wo die Uhr is, da is

57. *Sich moderieren* (lat.): sich mäßigen.
58. *Rodeln* (von ital. *rotolare*: wälzen): Bauchgrimmen.

auch er, die Uhr war in der Schüssel, und folglich – schauderhafte Gewißheit! – das Diner war mein Sohn!

Abendwind. Man kann wohl nie wissen, was aus die Kinder wird –

Biberhahn *(grimmig)*. Antwort! Direkte Antwort!

Abendwind. Ich hab' nicht die Ehre gehabt, den Herrn Sohn zu kennen – und wann uns ein unterspickter[59] Fremdling in die Händ' lauft –

Biberhahn *(wie oben)*. Keine Umschweife! Zur Sache!

Abendwind *(auf die verschiedenen Schüsseln zeigend)*. Die Speis' und die Speis' und diese auch, diese aber hingegen ebenfalls – das war alles Ihr Arthur, und es bleibt mir nix zu sagen übrig, als – ich wünsch', daß 's wohl bekommt.

Biberhahn *(desperat)*. Mein Sohn, mein guter Arthur –! Das kann ich im strengsten Sinn des Wortes sagen –

Abendwind *(ihn tröstend)*. Er ist im Schoße seiner Familie, folglich gut aufgehoben.

Biberhahn *(nachdem er sich wieder gefaßt, im Tone der Courtoisie)*. Jetzt werden Sie aber entschuldigen – Sie sind selbst Indianer und werden wissen, was in solchen Fällen – ich werde müssen so frei sein, Rache zu nehmen an Ihnen.

Abendwind. Ich kann es Ihnen nicht verbieten – aber –

Biberhahn *(ruft nach rechts in die Szene)*. Heda! Gefolge, Krieger, Suite[60] und Wilde! Was zu mir gehört! Ergreifet die Waffen, schwingt die Speere, Schleudern, Keulen und erhebts ein Rachegeschrei. *(Man hört in der Szene rechts im Hintergrunde die Wilden schreien.)*

Papatutuaner *(von innen)*. Rache! Rache! Rache!

ELFTE SZENE

Atala. Die Vorigen.

Atala *(von rechts aus dem Vordergrunde zurückkommend)*. Er ist verschwunden, als hätte ihn das Meer verschlungen!

Biberhahn *(wild auflachend)*. Das Meer!? Hahaha!

59. *Unterspickt:* fettdurchsetzt.
60. (frz.) Gefolge.

A t a l a. Und was bedeutet dieses Kriegsgeheul?
B i b e r h a h n. Mein Sohn! Mein Arthur!
A t a l a *(freudig erstaunt).* Wie, Arthur Ihr Sohn –? Er, der Fremde, der uns zu Mittag die Ehre gab – Ihr Sohn?

Terzett

B i b e r h a h n.
Im blut'gen Tanze
Kriegt er sein' Tee,
Schwing' ich die Lanze,
Schreit 'r Ach und Weh!
Statt mich z' traktieren,
Mich z' delektieren,
Tut er als Speis'
Mein' Sohn mir servieren –
's is aus der Weis'!

A b e n d w i n d.
Drohend mit der Lanze
Will er Rache statt Kaffee,
Und es is doch 's Ganze
Nix als ein verdalkts Diner.
Ihn zu traktieren,
Mußt' ich studieren
Auf a gute Speis,
Sein' Arthur z' transchieren
Geschah nicht mit Fleiß[61].

A t a l a.
Schwingend die Lanze
Hoch in der Höh',
Im Waffentanze
Rufen sie Weh!
Wo mag er irren?
Das zu entwirren
Streb' ich mit Fleiß.
Ihn zurückführen –
Lohnender Preis!

B i b e r h a h n.
Den Gastfreund zu spießen, die Pflicht is fatal –
Doch räche ich mich nicht, das wär' ein Skandal!
(Die Papatutuaner treten auf und schleppen Waffen herbei.)

61. *Mit Fleiß:* mit Absicht.

Ensemble da capo

Abendwind

Aushalten noch! Mir fallt was ein –
Muß es denn gleich gekämpfet sein?
(Einen Augenblick nachsinnend.)
Der Sohn der Sonne – holt ihn her geschwind!
Unser weißer Bär tut's prächtig als Orakel;
Vermieden sei das Kriegsspektakel!
Zeig'n wir, daß wir Wilde bess'rer Gattung sind!
Wenn er auch nix red't als Bär, so brummt er
Viel g'scheiter, als wenn uns'reins spricht,
Ich lass' ihn hol'n, unfehlbar kummt er,
Er orakle, und die Streitigkeit is g'schlicht't.

Abendwind *(spricht zu den Groß-Luluerern, welche mittlerweile herbeigekommen).* Für gewöhnlich tragt er ein' Maulkorb, der Sonnenbär, den nehmt's ihm herab. *(Ein paar Groß-Luluerer gehen ab, dann spricht Abendwind für sich.)* Vielleicht schnappt er auf mein' königlichen Kollegen und beißt ihn z'samm' – das wäre das einfachste.

Biberhahn *(für sich).* Mir is nicht recht im Magen.

ZWÖLFTE SZENE

Der Bär. Die Vorigen.

Ensemble

Biberhahn. Abendwind. Atala.

(Während des Ensembles wird der Bär von den Sonnenpriestern vorgeführt.)

Erleucht' uns, o Bär,
Das dunkle Gehirne
Hier unter der Stirne,
Dir ist das nicht schwer.
O schauerliche Wonne,
Es naht der Sohn der Sonne!

(Der Bär besinnt sich eine Weile schwankend, ob er Abendwind oder Biberhahn umarmen soll, endlich stürzt er brummend auf Atala los und küßt ihr die Hand.)

Atala *(erschreckt).* Papa, Papa! – Das garstige Tier!

Abendwind. Freigeistin! Das is ja der heilige Bär!

Atala *(dem Bären ausweichend).* Ein zudringliches Beest ist er –!

Biberhahn *(zu Abendwind).* Glauben S' nicht, daß er s' zerreißt?

Atala. Zurück! *(Stößt den Bären von sich, so daß dessen Kopf herabfällt.)*

Arthur *(welcher in der Bärenhaut steckt, sie umarmend).* Ich bin's!

Atala *(mit Staunen).* Wie, er – mein Arthur, der Fremde – ein Bär!?

Abendwind *(aufs höchste erstaunt).* Der Fremdling –! Wunderbar! Sonderbar! *(Zu Biberhahn.)* Das is der Herr Sohn!

Biberhahn. Wer!? Der Bär!? Das geht nicht zusamm'! Wir haben *den* gegessen mit der Uhr, und der mit der Uhr war mein Sohn; dieser aber ist noch nicht gegessen, folglich kann er auch mein Sohn nicht sein.

Abendwind. Das is ein indianisches Labyrinth ohne Faden.

Arthur *(zu Abendwind).* Keineswegs, ich habe Ihren Koch bestochen, und statt meiner wurde der weiße Bär geschlachtet. Nun wissen Sie alles.

Abendwind. Bestochen? Meinen Koch? Mit was? Und wie?

Arthur. Ich hab' ihn frisiert, wie Sie hier sehen. *(Auf einen Wink Arthurs tritt Ho-Gu auf.)*

DREIZEHNTE SZENE

Ho-Gu. Mehrere Groß-Luluerer. Die Vorigen.

Ho-Gu *(tritt mit mehreren Groß-Luluerern, welche ihn alle mit wohlgefälliger Neugierde anstaunen, aus dem Vordergrunde rechts auf; er ist mit hohem Toupet[62] à la Louis XIV. frisiert).* Erhabener Gebieter –! *(Verneigt sich vor Abendwind.)*

Abendwind *(von Bewunderung ergriffen).* Ah, das is eine Schönheit –!!

Arthur. Gekräuselt, gelockt, gebrannt, tapiert[63]!

62. (frz.) Halbperücke, Haarersatz.
63. Von frz. *toupieren*: aufkräuseln.

A b e n d w i n d. Da is es freilich schwer, zu widerstehn. *(Zu Biberhahn.)* Also nicht *Ihren* Sohn, den Sohn der Sonne haben wir gespeist.

A t a l a *(zu Biberhahn).* Ja, ja, mein Arthur ist Ihr Sohn.

B i b e r h a h n. O, hören Sie auf! Ich glaube so was nicht so leicht. *(Man hört im Magen Biberhahns ein Viertel auf sieben Uhr schlagen und gleich drauf das Kriegslied der Papatutus spielen; er greift sich mit beiden Händen auf den Magen.)*

A r t h u r *(zu Biberhahn).* Was hör' ich –?! Meine Uhr! An der Stell' geben Sie mir sie zurück!

B i b e r h a h n. Geduld! Geduld! Sie is derweil versetzt in mir. Aber wenn das deine Uhr is, dann bist du ja mein Sohn, und ich bin dein Vater – Sohn! Arthur! *(Umarmt ihn.)*

A r t h u r. Papa –!!

B i b e r h a h n *(zu Abendwind, auf die Schüssel zeigend).* Aber Sie, das Tier war delikat!

A b e n d w i n d. Ja, ein Sonnenbär, ein heiliger Bär –

B i b e r h a h n. Larifari! Ich parier'[64], es schmeckt einer wie der andere, jedenfalls werd' ich von nun mich ganz auf das Bärenfleisch verlegen.

A b e n d w i n d *(leise zu ihm, mit Wichtigkeit).* Hätten Sie diesen Entschluß vor Jahren gefaßt, ich wär' kein Witiber geword'n.

B i b e r h a h n *(betroffen).* Wie meinen Sie das?

A b e n d w i n d *(ihn an der Hand nach vorne führend, leise).* Sie werden mich verstehen, wenn ich Ihnen sage, vielleicht wären auch Sie kein Witiber, wenn ich stets nur Bärenfleisch –

B i b e r h a h n *(leise).* O, meine Ahnung! *(Zu Abendwind.)* Wir haben beide gegenseitig –

A b e n d w i n d *(leise zu ihm).* Es war eine schauderhafte Reziprozität[65].

B i b e r h a h n *(sich entschuldigend).* Karaibisches Naturell –

A b e n d w i n d. Ein gacher Gusto, appetitus spurius[66].

64. *Parieren* (frz.): wetten.
65. (lat.) Wechselseitigkeit.
66. *Gacher Gusto:* jähes, hitziges Gelüst; *appetitus spurius* (lat.): falscher Appetit.

Biberhahn. Verzeihn wir uns als edle Männer! –

Abendwind. Und die Erinnerung an die Affäre sei ausgelöscht! *(Beide reichen sich feierlich und würdevoll die Hand.)*

Atala *(zu Arthur).* Sie reichen sich die Hände –

Arthur *(zwischen Abendwind und Biberhahn tretend).* Also Einwilligung von beiden Seiten?

Biberhahn. Is alles abgemacht!

Abendwind. Sie sei die Ihrige.

Arthur. Dann jubelt, ihr Völker der Inseln! Nach meinem künftigen Residenzwigwam führ' ich sie heim, die schöne Wilde als Braut!

Finale

Arthur.

Glück, wie gut bist du,
Führst die Braut mir zu,
Die doch das Bijou[67]
Aller Groß-Lulu.
Friede, Heil und Ruh'
Den Papatutu,
Jubelt immer zu:
Heil den Groß-Lulu
Und Papatutu,
Atala, und du,
Bist jetzt mein Bijou!

(Während die Groß-Luluerer sich zu beiden Seiten gruppieren, defilieren die Papatutuaner, Biberhahn und Arthur mit Atala an Abendwind vorüber.)

Der Vorhang fällt.

67. (frz.) Kleinod, Juwel.

LITERATURHINWEISE

Johann Nestroy: Sämtliche Werke. Historisch-kritische Gesamtausgabe. Hrsg. von Fritz Brukner und Otto Rommel. 15 Bde. Wien: Schroll, 1924–30. – Nachdr. New York: AMS Print, 1973.

Johann Nestroy: Sämtliche Werke. Historisch-kritische Ausgabe. Hrsg. von Jürgen Hein, Johann Hüttner, Walter Obermaier und W. Edgar Yates. Bd. 1ff. Wien/München: Jugend & Volk, 1977 ff.

Arntzen, Helmut: Dementi einer Tragödie. Zu Hebbels und Nestroys *Judith*. In: H. A.: Zur Sprache kommen [...]. Münster 1983. S. 151 bis 164.

Bachmaier, Helmut: Die Parodie als Überbietung der Posse bei Nestroy (*Judith und Holofernes*). In: Der Deutschunterricht 37 (1985) H. 6. S. 110–124.

Boege, Günter: Nestroy als Bearbeiter. Studien zu *Die verhängnisvolle Faschingsnacht*, *Der Unbedeutende* und *Judith und Holofernes.* Diss. Frankfurt a. M. 1968.

Bührmann, Max: Johann Nepomuk Nestroys Parodien. Diss. Kiel 1933.

Hannemann, Bruno: Travestie des Übermenschen. Johann Nestroys *Judith und Holofernes* mit einem Ausblick auf Brecht. In: Maske und Kothurn 21 (1975) S. 123–134.

Hein, Jürgen: Judenthematik im Wiener Volkstheater. In: Conditio Judaica. Judentum, Antisemitismus und deutschsprachige Literatur vom 18. Jahrhundert bis zum Ersten Weltkrieg. Hrsg. von Hans Otto Horch und Horst Denkler. Tl. 1. Tübingen 1988. S. 154–186.

– Johann Nestroy. Stuttgart 1990.

Kraus Karl: Die Literaturlüge auf dem Theater. In: Die Fackel 18 (1917) Nr. 457–461. S. 53–57.

Lajarrige, Jacques: Formation et approbation d'un mythe: Le cannibalisme et la littérature autrichienne de Nestroy à Jelinek. In: Cahiers d'études germaniques 26 (1994) S. 151–162.

Lea, Charlene A.: Emancipation, Assimilation and Stereotype. The Image of the Jew in German and Austrian Drama (1800–1850). Bonn 1978. S. 94–101.

Mautner, Franz H.: Nestroy. Heidelberg 1974.

McKenzie, John R. P.: The Technique of ›Verwienerung‹ in Nestroy's *Judith und Holofernes*. In: New German Studies 1 (1973) S. 119–132.

Merrill, Sammy Ray: Parody and Satire in Nestroy's *Judith und Holofernes*. Diss. Cornell Univ. 1972. [Masch.]

Neuber, Wolfgang: Nestroys Rhetorik. Wirkungspoetik und Altwiener Volkskomödie im 19. Jahrhundert. Bonn 1987.

Obermaier, Walter: Johann Nestroys *Häuptling Abendwind* – Offenbachrezeption und satirisches Element. In: Nestroyana 6 (1983/84) S. 49–58.

Plard, Henri: Du sublime au ridicule: Hebbel et Nestroy. In: Études Germaniques 18 (1963) S. 397–418.

Preisner, Rio: Johann Nepomuk Nestroy, der Schöpfer der tragischen Posse. München 1968.

Rommel, Otto: Johann Nestroy, der Satiriker auf der Altwiener Komödienbühne. In: Johann Nestroy: Gesammelte Werke. Hrsg. von O. R. Bd. 1. Wien 1949. Einl. S. 5–193.

Scheck, Ulrich: Parodie und Eigenständigkeit in Nestroys *Judith und Holofernes*, Ein Vergleich mit Hebbels *Judith*. Bern [u. a.] 1981.

Scheit, Gerhard: Hanswurst und der Staat. Eine kleine Geschichte der Komik: Von Mozart bis Thomas Bernhard. Wien 1995.

Speidel, Ludwig: Johann Nestroy [1881]. In: L. S.: Kritische Schriften. Hrsg. von Julius Rütsch. Zürich 1963. S. 99–105.

Spohr, Mathias: *Häuptling Abendwind*. Nestroys Entgegnung auf das kulturelle Umfeld der Pariser Operette. In: Nestroyana 9 (1989) S. 17 bis 21.

Walker, Colin: Nestroy's *Judith und Holofernes* and Antisemitism in Vienna. In: Oxford German Studies 12 (1981) S. 85–110.

Walla, Friedrich: Johann Nestroy und der Antisemitismus. Eine Bestandsaufnahme. In: Österreich in Geschichte und Literatur 29 (1985) S. 37 bis 51.

Yates, W. E.: Nestroy and the Critics. Columbia (S. C.) 1994.

Anthropophagen im Abendwind: Helmut Eisendle, Elfriede Jelinek, Libuše Moníková, Oskar Pastior nebst Johann Nepomuk Nestroy. Vier Theatertexte nach Johann Nepomuk Nestroys *Häuptling Abendwind oder Das greuliche Festmahl.* Hrsg. von Herbert Wiesner. Berlin 1988.

NACHWORT

Judith und Holofernes, die *Travestie* Nestroys, folgte dem Original Hebbels, das am 1. Februar 1849 im Burgtheater seine Wiener Erstaufführung erlebte, nur etwa einen Monat später. Der Eindruck von Hebbels *Judith* auf das Publikum war noch frisch, so konnte die Travestie ihres Erfolges sicher sein, der ja im wesentlichen von der Kenntnis des Originals abhängt. Über das Verhältnis von Original und komischer Nachahmung hat Karl Kraus etwas überspitzt gesagt, »daß die Parodie von Hebbel ist und nicht von Nestroy« (*Die Literaturlüge auf dem Theater*, S. 53). Nestroys Travestie besitze eine eigene komische Realität.

Die eigene ästhetische Wirklichkeit der Nestroyschen *Parodie* (komisch-spielerische Nachahmung eines literarischen Werkes und Aufdeckung seiner Schwächen), hier mit den Mitteln der *Travestie* arbeitend (*Verkleidung* eines ernsten, bedeutenden Stoffes in unpassende Formen und Übertragung in eine triviale Sphäre), baut sich aus drei Schichten auf. Neben der parodistischen, literatursatirischen Ebene, die sich eng an die Vorlage Hebbels anschließt und sie komisch verzerrt (vgl. den Hinweis auf die wörtlichen Anspielungen in den Anmerkungen), lassen sich noch zwei weitere Momente beobachten, die über die Vorlage hinausweisen: Gesellschaftskritik und Satire auf militärische Machtpolitik.

Einer der drei wesentlichen Antriebe des parodistischen Spiels ist die Literatursatire. Nestroy konzentriert die fünf Akte der Hebbelschen *Judith* in 24 Szenen des Einakters und legt das Schwergewicht der Satire auf drei Themen: auf die Figur des *Holofernes*, auf *Joab*, den als Judith verkleideten *Volontär in der hebräischen Armee*, und auf die Volksszenen der *Bethulier*.

Hebbel selbst hat bei der Gestalt des Holofernes der Parodie kräftig vorgearbeitet; am 10. November 1857 schreibt er, daß er nun über manche »Hyperbolien« seines Holofernes lache. Die Gegenüberstellung der Hebbel- und Nestroy-Zitate macht deutlich, wie Nestroy oft mit nur einer geringen Verschiebung der Nuancen auskommt, um die Aufge-

blasenheit und das Wortheldentum des Holofernes satirisch bloßzustellen. Stifter nennt ihn in einem Brief (21. August 1857) den »größten Theaterhanswurst«, der ihm je begegnet sei, und Speidel nimmt diesen Gedanken auf, wenn er schreibt, daß Nestroy den Holofernes als »Kraft-Hanswurst« dargestellt und »diese mit philosophischer Kleie gefüllte Lederpuppe« Hebbels aus ihrem eigenen Geist heraus vernichtet habe. Nestroy hat die Hanswurst-Elemente bei seinem Holofernes sehr stark ausgeprägt (vgl. 2. Szene: »Da bin ich, jetzt kann's angehn«). Indem er ihn zum »miles gloriosus« und Bramarbas macht, setzt er eine traditionelle Komödienfigur zur Satire auf falsche Heldenverehrung, Größenwahn und Diktatur ein. Damit ist die Karikatur des »Übermenschen« Holofernes mehr als die Parodie einer literarischen Figur; sie wird zur Satire auf den Judenvernichter Holofernes, eine Mischung aus Diktator und Hanswurst von erschreckender Aktualität.
Auch Nestroys Kritik an der Darstellung der Volksszenen in Hebbels *Judith* (III. Akt) weist über die Parodie hinaus. Nestroy hat die Szenen 11, 13, 14, 15, 16 und 19 frei erfunden, in denen er den fanatischen Hebräern Hebbels nüchterne und berechnende Juden aus dem Alltag Wiens gegenüberstellt. Es genügt nicht zu sagen, die Juden seien hier im üblichen Possenstil mit Sprach- und Sittenkarikatur, Anachronismen und lokalen Anspielungen gezeichnet. Die Darstellung der Juden als des Volks Gottes und im Kontrast dazu als Börsenspekulanten des Wiener Kommerz (vgl. vor allem die Szene des »stummen Daniel«!) trägt antisemitische Züge, die sich vor allem gegen die wirtschaftliche Vormachtstellung der Juden richten. In welchem Maße Nestroy hier nur Motive der seit dem Mittelalter traditionellen Judensatire übernimmt oder aber auf die Wiener Tageswirklichkeit Bezug nimmt (die Entstehung des österreichischen Antisemitismus fällt in diese Zeit), ist schwer zu entscheiden. Zudem darf man diese Szenen nicht aus dem Zusammenhang der Parodie lösen und damit die positive Zeichnung der Hebräer bei Nestroy übersehen. Die unsoldatischen Juden von *Bettltuttien* stellen das Gegenbild der militärischen Demonstration des Holofernes und seiner Armee dar. Sie stehen dem Kriegerischen und Heldischen selbstkritisch, skeptisch und antimilitaristisch gegenüber. Die Frage des

Hosea »Wohin?« auf den Befehl *Assads* »Marsch!« birgt diese Einstellung in aphoristischer, witziger Kürze. Ernst Fischer hat darauf aufmerksam gemacht, daß sich Nestroy hier des typisch jüdischen Witzes bedient, sich selber zu belächeln, um damit den Feind zu treffen. In der Frage des Hosea (hier wird *Schweyk* vorweggenommen!) wird die Verkehrtheit des Militärs sichtbar, das auf den Befehl »Marsch!« keinen Widerspruch erwartet. Die unsinnig anmutende Frage stellt sich bei näherem Zusehen und Vergegenwärtigen der Situation als die einzig vernünftige heraus, die zugleich den unsinnigen Befehl satirisch attackiert.
Die Satire auf die Bewaffnung und das Exerzieren der Hebräer läßt sich auch vor dem Hintergrund der Wiener Revolution 1848 verstehen; am Jahrestag der niedergeworfenen Revolution (13. März 1849) kam Nestroys Parodie zur Uraufführung!
In diesem Zusammenhang verdient der Aspekt Beachtung, unter dem Hebbels *Judith* auf die Wiener Bühne gelangte. Es war in Wien verboten, biblische Stoffe aufzuführen. Erst 1848 gelang es durch das Argument, die Belagerung Bethuliens stelle symbolisch die Belagerung Wiens dar, die Zensur umzustimmen. Nestroy hat diesem taktischen Einfall dann die wahre symbolische Bedeutung gegeben.
Eigentlicher Antrieb der Parodie und der Gesellschaftskritik ist die Zentralfigur *Joab*. An ihrem Spiel wird sichtbar, wie Nestroy mit dem scharfen Angriff auf Hebbel die über dieses Stück hinausweisende Satire verbindet.
Judith rettet ihr Volk durch die Ermordung des Holofernes. In der Bibel feiert sie die Tat als einen Triumph, den sie mit und für Gott errang. Bei Hebbel, der aus Judith eine »jungfräuliche Witwe« macht, mordet sie aus Rache für die erlittene Vergewaltigung. Dieser Verwirrung der erotischen, patriotischen und heroischen Motive mit der gewaltsam konstruierten dramatischen Konsequenz ist Nestroy aus dem Weg gegangen. Er ersetzt mit einem in der Komödientradition beliebten Kunstgriff die Figur Judiths durch eine Männerrolle in Frauenkleidern. Joab *spielt* nur die Rolle der Judith, läßt aber in illusionszerstörender Weise nie vergessen, daß er *nicht* Judith ist. Er ist die personifizierte Travestie. Aus seiner Perspektive nimmt sich die Manasses-Geschichte Hebbels so grotesk aus, daß Nestroy auf die

weitere Parodie dieser Konstruktion verzichten und den zweiten Akt bei Hebbel in eine Szene zusammenziehen konnte. Der exemplarische und verdichtende Charakter der Satire zeigt sich vor allem in den Monologen und Liedern Joabs. Diese sprengen eigentlich den Rahmen der Travestie; der spielerische und der satirische Grundantrieb der Nestroyschen Komödienkunst lassen aus der parodierten Vorlage mit Hilfe der Couplets etwas Neues entstehen. Wenn man nicht wüßte, daß Nestroy Hebbel parodiert hat, meint Karl Kraus, »so lebte die Nestroy'sche Posse doch in ihrem eigenen Element weiter, hätte aus sich selbst Pathos genug, um zu atmen und da zu sein«.

Im ersten Couplet Joabs (Szene 14), seinem Auftrittslied, wird der Anachronismus zum Antrieb der Satire. Die Hebräer leisten »auf die Wunder der Tapferkeit« Verzicht und demonstrieren die Sinnlosigkeit der Verteidigung eines kleinen Volkes mit militärischen Mitteln. Das Lied, den Pazifismus der Hebräer schildernd, enthält in exemplarischer Weise und verschlüsselt die Situation Wiens (vielleicht Österreichs). Den (un-)kriegerischen Vorbereitungen der Bethulier mögen die Revolutionsereignisse 1848 mit der Aufstellung der Nationalgarde zum Vorbild gedient haben. Die Strophen geben einerseits die sich als Pazifismus tarnende Feigheit dem Verlachen preis, zeigen aber andererseits die Sinnlosigkeit der Tapferkeit angesichts eines übermächtigen Feindes. Hier durchdringen sich aktuelle politische Satire und parodistisches Spiel.

Von der Parodie nimmt auch das zweite Couplet (Szene 15) seinen Ausgang. Joab überlegt sich einen Plan zur Rettung seines Volkes, der schon mehr als ein Wunder sein muß, »denn was die Menschen ehmals gehalten hab'n für ein Wunder, das is jetzt was ganz Ordinäres«. In kontrastierender Weise werden in den Strophen biblische Situationen und Personen mit modernen Entsprechungen konfrontiert. Im Vergleich zu den biblischen Modellfällen erweisen sich die aktuellen Verhältnisse, die jene an Merkwürdigkeit weit übertreffen, als natürlich und alltäglich. Die »verkehrte Welt« wird als das Bestehende hingenommen. Die allgemeine Aussage des Couplets (Gesellschafts-, Sitten- und politische Satire), das den Sänger als intelligenten Menschen charakterisiert, der hinter die »Fassade« sieht, läßt sich auf das Geschehen der Parodie zurückbeziehen. Joab muß sein Wunder selbst vollbringen: »Mein Plan is ein Wunder des Himmels, wenn er gelingt –!« Als Judith verkleidet beginnt er sein Täuschungsmanöver, das kurz vor seinem Gelingen durch eine List des Holofernes gefährdet ist. Dieser versucht seinen Kopf durch einen »Pappkopf« (Requisit seit Hanswurst-Stranitzky, Kurz-Bernadon und Hafner) zu retten, überlistet sich aber damit selbst: kopflos flieht seine ganze Armee. Nicht nur hier wird deutlich, wie Nestroy altem mimischem Theatergut zur neuen satirischen Aussage verhilft. Kraftpathos, Vernichtungswille, Selbstvergottung und die lüsterne Brutalität des Holofernes sind geistig vernichtet worden. Nur ein »Pappkopf« hat die halbe Welt in Schrecken versetzt. Die Satire befreit sich – auf possenhafte Weise – von der bedrohenden Vorstellung des brutalen Diktators.

Mit *Judith und Holofernes* vollendet Nestroy die Tradition der Wiener Parodie und verläßt sie zugleich, indem er über Parodie und Literatursatire hinaus eine Komödie schreibt, die auf eigenem (satirischem) Boden stehen kann. Aus diesem Grund, vielleicht auch nach einer persönlichen Begegnung mit Hebbel, konnte er 1856 aus der Anonymität heraustreten und sich als Verfasser der Travestie bekennen. Obwohl Hebbel von Nestroys »Plumpuddingsgenius«, von »giftig-sittenlosen Possen« und von den »Augiasställen« spricht, die Nestroy hinterlassen habe, schätzt er an anderer Stelle seine Kunst: »Sicher wird ein Kunstverständiger für einen einzigen Nestroy'schen Witz de première qualité eine Million gewöhnlicher Jamben hingeben« (I. Abt., Bd. 11, S. 261).

Wie in der Parodie ist auch in Nestroys letztem Stück *Häuptling Abendwind oder Das greuliche Festmahl* die Aktualität der Satire bis heute bewahrt. 1862 fand es keine günstige Aufnahme. Das Publikum wollte lieber die anspruchslosen und gefälligen französischen Vaudevilles (Singspiele) und Operetten sehen, wie sie von französischen Ensembles in Wien gebracht wurden. Während eines Gastspiels des Offenbach-Ensembles im Juni 1861 wurde die Operette Offenbachs *Vent du Soir ou L'horrible festin* (Einakter; Text: M. Ph. Gille) mit großem Erfolg aufgeführt.

Nestroy übernimmt für seinen Einakter aus dieser Vorlage die Szenenfolge, ja sogar die Lieder, da er die beliebte Operettenform nicht ändern wollte. Auch die Figuren werden weitgehend aus der Quelle entnommen. Nestroys Eigenwerk ist die sprachlich-satirische Akzentuierung der entlehnten Spielschablone. Karl Kraus: »Er (Nestroy) ist umso schöpferischer, wo er den fremden Stoff zum eigenen Werk erhebt« *(Nestroy und die Nachwelt)*. Oder, um es mit einem Ausdruck Bertolt Brechts zu sagen, Nestroy hält sich nur noch an den *Materialwert* der Vorlage. Der harmlose französische Schwank wird durch originelle charakterisierende Sprachgebung, Dialogführung und Akzentuierung der Thematik zur satirischen Komödie. Erst Nestroy erkennt den Keim zur Satire im *Materialwert*, in der Thematik Wilde und Zivilisation, Nationalismus und Kolonialismus.
Die beiden wienerisch (!) sprechenden Häuptlinge Abendwind und Biberhahn enthüllen im Dialog die Fragwürdigkeit der Schlagworte Fortschritt, Kultur, Zivilisation und Nationalismus. Nestroys Kritik zielt auf die Ideologie, die sich von den Ideen entfernt hat, zielt auf die Perversion der an sich guten Ideen. Wienerische Gemütlichkeit, Menschenfressertum (auch im übertragenen Sinn!) und aktuelle politische Tageswirklichkeit in ihrem Kontrast werden wechselseitig satirisch enthüllt. Nicht mehr der »edle Wilde«, wie in der Komödie der Aufklärung, übt Kritik an den Auswüchsen der Zivilisation in Europa, sondern in verschärfter Form der nationalistische und politisierende Wilde, der längst seine Natürlichkeit und Naivität verloren hat. Der satirische Topos der Komödie des 18. Jahrhunderts ist hier geradezu umgekehrt worden. Die Satire trifft den Fortschrittsglauben der zivilisierten, kultivierten, aber unmenschlichen, eng denkenden und nationalistischen Völker und schlägt dabei zurück auf den, der diese Kritik übt: auf den kultur- und zivilisationsbeflissenen, aber menschenfressenden Wilden. Nur der »gemütlich« wirkende Wiener Dialekt läßt die Menschenfresser gemütlich und heimisch erscheinen. Nestroy macht hier den Dialekt zum Werkzeug der Satire, welche die europäischen Großmächte als »Menschenfresser« entlarvt und ihre politische Schlagwortsprache karikiert, zugleich aber die Menschenfreundschaft der Menschenfresser attakkiert, die sich auch jener Sprache bedienen und am Ende,

dem Vorbild der Großen nacheifernd, einen Friedensbund (!) schließen. Vor dem Hintergrund der Zeit und am Vorabend der großen Kriege wirkt Nestroys Stück als Parodie auf die Konferenzen und diplomatischen Gespräche, die den Krieg doch nicht verhindern können.

Situationen und Dialekt sind noch in einer anderen Weise doppelbödig. Zwar wird uns auf theatralische Weise eine von der Zivilisation scheinbar noch unberührte, unentdeckte Eingeboreneninsel vorgeführt, die Mischung der wienerischen und exotischen Elemente kann aber als kritische Darstellung der Wiener Gesellschaft verstanden werden, deren Phrasen und Klischees der Satire verfallen. So werden verschiedene satirische Schichten in der einfachen Spielschablone zusammengehalten, aber so, daß es kaum gelingt, eine Schicht von der anderen genau abzuheben. Es ist ein ständiges Ineinander, mindestens eine Doppelbödigkeit der Schichten zu beobachten. Diese Mehrdeutigkeit, die zugleich allgemeinmenschliche Verhaltensweisen und überzeitliche politische Ideale und Ziele umfaßt, ist es, wie Ansgar Hillach festgestellt hat, die Nestroys Stück auch heute noch die Aktualität (freilich in der Doppelbödigkeit geborgen) erhält.

Nestroy übt in der Form des Spielerischen, Operettenhaften satirische, ungemütliche Kritik am Gemütlichen und Selbstgefälligen. Oft war diese so stark, daß sich Nestroy gezwungen sah, in einer »Vorzensur« alle »gefährlichen« Stellen zu streichen und sie – nachdem das Stück die amtliche Zensur passiert hatte – wieder hereinzunehmen. In Band 14 der *Sämtlichen Werke* sind die wichtigsten Änderungen der Vorzensur aufgeführt. Sie zeigen die übertrieben scheinende Vorsicht, die noch 1862 einen bekannten Autor zwang, die oft dummen und pedantischen Vorschriften der Zensur zu erfüllen. Aus Zensurgründen hat Nestroy auch die meisten satirischen Spitzen »verpackt« und hinter unscheinbaren Fabeln und Spielmodellen versteckt. Es nimmt daher nicht wunder, daß die zeitgenössische Kritik den satirischen Gehalt der *Operette* kaum bemerkte oder ihn gar als Mangel gegenüber der »glatten« französischen Vorlage empfand. Nestroy erfüllte nur in oberflächlicher Weise die Form der Operette; für ihn war sie der zeitgemäße Rahmen zur Aussage der Satire. So wie er um 1840, als die französischen Vaudevilles die Wiener Bühnen überschwemmten, eine beliebte Komödienform zu seiner satirischen *Posse mit Gesang* umformte, gelingt es ihm auch am Ende seines Werkes, die beim Publikum beliebte Operettenform zum Sprachrohr seines Geistes werden zu lassen. Er befriedigte die Wünsche des Publikums (unter dem sich bei der Uraufführung auch der Kaiser befand!) durch die gefällige Form, in die er, ähnlich wie in die Parodie auf Hebbels *Judith*, Gesellschaftskritik und politische Satire hüllte.

INHALT

Johann Nestroy

IN RECLAMS UNIVERSAL-BIBLIOTHEK

Der böse Geist Lumpazivagabundus oder Das liederliche Kleeblatt. Zauberposse. (W. Zentner) 78 S. UB 3025

Freiheit in Krähwinkel. Posse. (J. Hein) 88 S. UB 8330

Höllenangst. Posse. (J. Hein) 144 S. UB 8382

Judith und Holofernes. Häuptling Abendwind. Einakter. (J. Hein) 85 S. UB 3347

Einen Jux will er sich machen. Posse. (W. Zentner) 103 S. UB 3041

Das Mädl aus der Vorstadt oder Ehrlich währt am längsten. Posse. (F. H. Mautner) 93 S. UB 8553

Die schlimmen Buben in der Schule. Frühere Verhältnisse. Einakter. (J. Hein) 96 S. UB 4718

Der Talisman. Posse. (O. Rommel) 117 S. UB 3374

Der Zerissene. Posse. (O. Rommel) 86 S. UB 3626

Zu ebener Erde und erster Stock oder Die Laune des Glückes. Lokalposse. (J. Hein) 151 S. UB 3109

»Die Welt steht auf kein' Fall mehr lang«. Nestroy zum Vergnügen. (J. Hein) 172 S. UB 9409

Philipp Reclam jun. Stuttgart

Ferdinand Raimund

IN RECLAMS UNIVERSAL-BIBLIOTHEK

Der Alpenkönig und der Menschenfeind. Romantisch-komisches Original-Zauberspiel in zwei Aufzügen. Nachwort von Wilhelm Zentner. 100 S. UB 180

Das Mädchen aus der Feenwelt oder Der Bauer als Millionär. Romantisches Original-Zaubermärchen mit Gesang in drei Aufzügen. Nachwort von Wilhelm Zentner. 79 S. UB 120

Der Verschwender. Original-Zaubermärchen in drei Aufzügen. Nachwort von Wilhelm Zentner. 94 S. UB 49

Philipp Reclam jun. Stuttgart